戦後が若かった頃に思いを馳せよう

憲法・沖縄・アジア・戦後補償・靖国

内田雅敏

三一書房

目次

I　はじめに　いくつかの映画と本と

プロ意識を刺激された二本の映画

『顔のないヒトラーたち』、『ブリッジ・オブ・スパイ』を観て

最近、同業である弁護士が活躍する二本の映画を観て、大いに励まされた。二本の映画とは、『顔のないヒトラーたち』（独 2015年 監督ジュリオ・リッチャレッリ）、『ブリッジ・オブ・スパイ』（米 2016年 監督ステーヴン・スピルバーグ）である。

『ブリッジ・オブ・スパイ』は1957年、冷戦下、米国で捕まったソ連のスパイの国選弁護を依頼された弁護士ドノヴァン（トム・ハンクス主演）の物語である。その昔、ニュルンベルク戦犯裁判で検察官役を務めたことがあるが、今は保険業務を専門とする弁護士であるドノヴァンは弁護人になることに気が乗らない。しかし、「誰でも公正な裁判を受けることができ、そこでは弁護人の弁護を受けることができる」という米国司法の「素晴らしさ」をソ連に見せつけてやるのだと、法曹界の長老らから説得され、引き受ける。法曹界では当たり前のこんな大原則も社会ではなかなか通用しない。核戦争の恐怖におびえる冷戦下、民衆は、ソ連のスパイの弁護活動→スパイへの同調→国家の敵と短絡的な見方をし、ドノヴァン弁護士だけでなく、彼の家族に対しても激しい増悪を向け、攻撃を加える。この辺り、社会的に糾弾されている事件の弁護人を

経験した者ならばよく分かるところである。

ＣＩＡから米国のために働けと持ちかけられた取引を拒否したソ連のスパイ、アベルと接見を続ける中で、ドノヴァン弁護士はアベルの祖国に対する愛と忠誠心は、自分たちの祖国に対するそれと同じだということを理解する。ＦＢＩの捜査は裁判所の令状なしで行われた。ドノヴァン弁護士は、違法収集証拠の証拠能力の否定を主張する。日本国憲法31条でも保証されている「適正手続条項」は米国の刑事司法の精髄である。しかし、陪審員の評決は有罪。

アベルに対する死刑判決を阻止しようとして、ドノヴァン弁護士は、裁判官に働きかける。米国もソ連でスパイ活動をしている、将来ソ連で、米国のスパイが捕まった時、その交換要員として、アベルを生かしておくべきだと。はたして判決は懲役30年の刑、死刑は免れた。裁判官がドノヴァン弁護士の見解を容れたのだ。何故死刑にしないのだと憤激する民衆。他方で、よくやった、これで「誰でも公正な裁判を受けることができる」という米国刑事司法の精神を守ったと喜ぶ、先輩、同僚弁護士たちの称賛をしりめにドノヴァン弁護士は、連邦最高裁に上訴する。もう立派に役目を果たしたではないか、これ以上何をする必要があるかと困惑する先輩、同僚弁護士たち。連邦最高裁の判断は、５対４の僅差で有罪判決を支持した。この辺りすごく考えさせるというか、同業者としてわくわくする。以上がこの物語の前半、３分の１。３分の２に当たる後半は、１９６０年米国の黒い高高度スパイ機Ｕ２がソ連領をスパイ飛行中に撃墜、パワーズ飛行士が生け捕りにされ、ソ連のスパイ、アベルとパワーズの交換交渉の依頼を受けたドノヴァン弁護士が交渉場所である東ベルリンに向かうところから始まる。米国は、東独を国家として認めていなかったため、ドノヴァン弁護士は、米国の代表ではなく、あくまで一民間人としての行動。当時、東ベルリンは、市民の西側脱出防止のために壁を築き始めた頃。交換交渉は難航するが、ドノヴァン弁護士は粘り強く交渉し、1962年2月、遂にベルリン西郊、西側、東側を分けるグリーニッケ橋上でのアベルとパワーズとの交換を実現させる。この間、ハラハラ、ドキドキの物語が展開される。橋上での交換から8か月後の同年10月、人類を核戦争一歩手前まで、引っ張り込んだ「キューバ危機」が発生した。

黒い高高度のスパイ機は、トルコ、パキスタン、そして日本の米軍基地に配置されており、U2機が撃墜された時、中学3年生であった私もよく覚えている現代史だ。ドノヴァン弁護士役のトム・ハンクスがすごくいい。決してヒーローではないが、タフなネゴシエイターを好演する。ドノヴァン弁護士は1962年12月、ケネディー大領の依頼を受け、キューバのビッグス湾侵攻事件で捕虜となった人々の解放交渉にも当たり、これを果たしている。

さらに感銘を受けたのが『顔のないヒトラーたち』だ。

「戦後責任」について、日本とかつての同盟国ドイツとの対比がよく語られる。ドイツは過去の歴史に真摯に向き合っているが、日本は向き合っていないと。この指摘自体は間違いではない。しかし、この映画を見て、この認識を少しばかり修正せざるを得なかった。

『顔のないヒトラーたち』というタイトルからも想像されるように、この映画はヒトラーやゲーリングのようなナチスの指導者たちだけでなく、ヒトラーに共感したドイツの一般市民の戦争責任、ホロコースト（ユダヤ人絶滅政策）の責任を問うたものである。映画を観終わった後、買い求めたプログラムには「ドイツの歴史認識を変えたアウシュビッツ裁判までの若き検事の苦闘を描く」とあった。

今日では、ポーランドにあるアウシュビッツ収容所はナチスによるホロコーストの象徴と知られ、ドイツでも歴史教育の現場と位置付けられている。

2015年1月26日、ベルリンで開催されたアウシュビッツ解放70周年記念追悼行事に於いて、独メルケル首相は「アウシュビッツはショアー（ユダヤ人絶滅政策）というドイツによる文明の断絶の象徴である」、「（当時起きたことを思うと）私たちドイツ人は深い羞恥の念にかられます」「明日、アウシュビッツ＝ビルケナウ収容所解放70周年を迎えるに当たり、私たちは殺害された600万人のユダヤ人の人々に思いをいたすのです」、「人類に対する罪に時効はなく、当時の残虐行為の記憶を後世に伝え、その記憶を鮮明に保つ責任を私たちは恒久的に負っている」と訴えた（ドイツ大使館広報「過ぎ去っても忘れることはない」）。

ドイツにおいて、このアウシュビッツ収容所の存在が知られるようになったのは、1963年12月20日から始まったフランクフルト裁判所で、アウシュビッツ収容所の元副所長、医師、看守らが戦争犯罪人として裁かれてからである。ドイツにおける戦犯裁判は、ゲーリングらナチスの幹部が裁かれたニュールンベルグ国際法廷、その後、外交、司法、経済、教育など各分野別に行われたニュールンベルグ継続裁判によって終了した。戦後のドイツはひたすら経済建設に励んだ。その結果、多くの元ナチがその責任を問われることなく、日常生活の中に溶け込んでいたのだ。これは戦後の日本も同じだ。

そんなある日、アウシュビッツを生き延びた元収容者が、看守をしていた元親衛隊員（SS）と、街中でたまたま出会った。彼は教員となっていた。新聞がこのことを報じたことから、検察庁が、捜査に乗り出した。担当させられたのが若き検事ヨハン・ラトマン。彼の捜査にはドイツ社会は勿論のこと検察庁内の同僚たちも「癒えはじめた国民の傷を何故暴く」、「父親たちを犯罪者にするのか」と冷やか。米国当局までも、「そんなことをしても無駄だ」「今、敵はソ連だ」とつれない。しかしヨハンは、「今、この国が求めているのは体裁の良さだけで真実は二の次なのだ」、「ヒトラーの死でナチスが全滅したと？」、「ヒトラーだけでなく一般市民も罪を犯したのだ」と屈しない。

米軍のドキュメントセンターには60万人分のSSのファイルが保存されていた。ヨハンは、何度か挫折しながらも、このファイルと格闘し、ユダヤ人の検事総長の後押しや、事態の深刻さに気付いた同僚の協力を得ながら元親衛隊員らを起訴する。これが1963年12月10日から始まったフランクフルトでのアウシュビッツ裁判である。判決は1965年8月10日。起訴された20名中、17人が殺人幇助罪などで有罪となった。 2001年に刊行されたR・ジェラテリー著『ヒトラーを支持したドイツ国民』（根岸隆夫訳、みすず書房）は以下のように書く。

「ヒトラーは独裁性の樹立を望んだが、同時に国民の支持も望んだ。国民の支持を得るために出来る最大のことは、大量失業問題の解決だった。……ヒトラーはまず強力な指導者が事態を掌握していることを国民にわからせせようとした。それはワイマール共和国を特徴づけた混乱の歳月が終わり、ドイツ国家は第一次世界大戦前の日々にもどって『正常』な空気をとりもどしたのだと思わせることだった。ワイマールとは戦争の敗北、屈辱の講和、経済の混乱、社会の無秩序そのものだった。ドイツでワイマールが好きだったものはほとんど皆無だった」

「ヒトラーは権力の真空をうめただけではなく、すぐに愛国者として賞賛をあびるようになった。1919年に結ばれた屈辱の講和条約を系統だって破棄し、ほとんど一夜にして多くのドイツ人が欧州大陸の大国として『正当』な地位だと感じるものを回復したからだ。ヒトラーは、ほとんど軍隊なしでそれをやってのけた。……大部分のドイツ国民はそのような成功のお返しとして、すぐにヒトラーを熱愛し、1945年に彼がおぞましい死を遂げるまで支持したのだ」

この映画を感慨深く見たのは、もちろんヨハンら若手検事の不屈の活動に心を動かされることが大であったからだが、それ以上に驚いたのは、ドイツでこの映画がつくられたということだ。

前記メルケル首相の演説、あるいは1985年5月8日、ヴァイツゼッカー西独大統領（当時）の有名な《過去に目を閉ざす者は現在をも見ることが出来ない》と訴えた「荒れ野の40年」と題する演説などに見られるように現在のドイツは、過去に対して真摯に向き合おうとしている。この映画の凄い処は、過去に向き合うことの重要性を訴えることは勿論のこと、戦後ドイツが過去に向き合わず、過去を水に流そうとした事実があったことも忘れてはならないと訴えているところにある。

「あの戦争には何ら関わりのない、私たちの子や孫、そしてその先の世代の子どもたちに謝罪を続ける宿命を負わせてはなりません」

安倍首相の戦後70年談話の一節である。彼は2014年5月30日、シンガポール、アジア安全保障会議での基調講演でも以下のように述べた。

「国際社会の平和、安定に多くを負う国ならばこそ、日本は、もっと積極的に世界の平和に力を尽くしたい。積極的平和主義のバナーを掲げたい。自由と人権を愛し、法と秩序を重んじて、戦争を憎み、ひたぶるに、ただひたぶるに平和を希求する一本の道を、日本は一度としてぶれることなく、何世代にもわたって歩んできました。これからの幾世代も変わることなく歩んでゆきます……」と。

「歴史とは現代と過去との間における尽きることのない対話」（E・H・カー）である。歴史に真摯に向き合うことによって、被害者からの寛容を求めることはあったとしても、過去をなかったことにしたり、過去に終始符を打つことなどできはしない。

日本とドイツ、過去に向き合う姿勢の違いは、自らの手で戦犯裁判をしたか否かにある。「フランクフルト裁判」はその嚆矢であった。

追記

映画『ニュールンベルグ裁判』（米1961年　スタンリー・クレーマー監督）

1945年5月8日、ドイツの敗北後、ドイツのニュールンベルグで米・英・仏・ソ4大国により国際軍事法廷（IMT）が開かれ、ゲーリングらナチの幹部が裁かれ、絞首刑などの判決を受けた。その後も米軍占領地域で、司法、経済、教育、外交など12の分野別でナチの関係者が裁かれた。このうち司法の分野の裁判を描いたのが米映画『ニュールンベルグ裁判』である。そこでの被告はナチスの人道に反する法律を適用した元裁判官、検察官らである。

裁判長役にスペンサー・トレイシー、検察官役にリチャード・ウィドマーク、弁護人役にマクシミリアン・シェル、そして理性を持ちながらもナチスに協力してしまった元裁判官ヤニング被告役にバート・ランカスター。

検察官が「彼らはより罪が深い。それは彼らがヒトラー台頭以前に成人だったからです。幼くしてナチの教育によって洗脳されたのではなく、教育のある大人として正義を尊重すべき立場にありながら、第三帝国の理念を奉じたのです」と激しく告発する。

１９３５年に制定された「ニュールンベルグ法」――ユダヤ人がアーリア人種と性的関係を持った場合に処罰される――違反で処刑されたユダヤ人裁判などの責任をめぐって展開されていく。件のユダヤ人に死刑判決を下した裁判長はヤニング。途中強制収容所の解放の際の実写フィルムなども挿入され、ナチスの非人道的行為が強烈に写し出される。

弁護活動に熱心なあまり、ユダヤ人と関係したと疑われた女性を執拗に追及する弁護人の姿に、それまで沈黙を守っていたヤニングが、突然立ち上がって「やめろ、また同じことをくり返すのか」と叫ぶ。そして彼は「我々はあのユダヤ人達の殺戮を知らなかったというのか。それは知りたくなかったのではないか」等々とドイツの犯した犯罪、そして自らの責任について語り始める。「フェルディンシュタイン事件に関して言えば、私は出廷前にすでに判決を出していた。証拠がどうであれ、彼を有罪にしたであろう。真実を述べることは容易ではない。だがドイツを癒すため、罪あるものはそれを認めねばならぬ。いかに恥辱、苦痛があろうとも。『我々は数百万人の絶滅に気がつかなかった。数百人の絶滅に気づいただけだ』と言うかもしれない。だがそれで罪は軽くなるであろうか。詳細はともかく何かに気づかぬは、気づきたくなかったからだ」と。『顔のないヒトラー』における若き検察官ヨハンの「今、この国が求めているのは体裁の良さだけで真実は二の次なのだ」、「ヒトラーの死でナチスが全滅したと？」、「ヒトラーだけでなく一般市民も罪を犯したのだ」の思いと共通するものだ。

弁護人は、ナチスの行為を問うなら、1939年の独ソ不可侵条約、ヒトラーを祝福したヴァチカン、ドイツの再軍備を助け、大もうけをした米国の軍需産業に責任はないのかと果敢な弁論を展開する。

折りしも進行する冷戦の進行も裁判に影響をしかねない。三人の判事による合議は激論の末、判決は2対1で有罪、いずれの被告も終身刑。判決理由は、《もしこのナチスの蛮行が一部の性格異常者達によって引き起こされたものならば、それは天災と同じようなものと考えることができる。

しかし、深刻なことは、ヤニングのようなワイマール憲法の制定に関与した理性的な人物も国家の危急時にはナチスの蛮行に協力してしまうという事実である》と説く。裁判終了後、米国に戻る判事に面会を求めた獄中のヤニングは判事に判決を支持すると語る。そして躊躇しながらも「しかし、あの600万人ものユダヤ人殺害については、自分は本当に知らなかった。それだけは分かって欲しい」と懇願する。

すかさず判事が言う「ヤニング君、最初に無実の者を処刑したとき運命を決した」と。凍りつくヤニングの顔、映画はそこで終る。

この映画は1963年のフランクフルト、アウシュビッツ裁判前の1961年に米国で作られたがドイツでは、ほとんど問題にされなかったという。『顔のないヒトラーたち』を観て、納得した。『朝日新聞』夕刊（2016年9月13日）によれば、ドイツ北東部の地方裁判所で、9月12日、95歳の元ナチス親衛隊員フーベルト被告に対する裁判が始まったとのことである。被告はアウシュビッツの強制収容所で3600人以上の殺害に関与した罪に問われている。ナチスの戦争責任を問う裁判は戦後70有余年を経た今も続く。後述する『そこに僕らは居合わせた』には、戦後のドイツで自分はナチではなかったと人々が苦心惨憺して手に入れようとした「潔白証明書」という短編も収められている。

今なお、ナチの戦犯裁判を行うドイツと、日本人自身による戦犯裁判の全くなされなかった日本。欧州とアジア、地政学的な事情が在るにしても、あまりにも懸隔があり過ぎる。

ヒトラー政権下の子どもたち
『そこに僕らは居合わせた』、『片手の郵便配達人』を読む

『そこに僕らは居合わせた』

『そこに僕らは居合わせた』（グードルン・パウゼヴァング　みすず書房　2012年）を感銘深く読んだ。ヒトラー政権下の子どもたちを描いた短編の連作だ。当然のことだが、ヒトラーに心酔して、ユダヤ人狩りに乗じユダヤ人の家を略奪する人々など、暗い酷い話が多い。

冒頭の「スープはまだ温かかった」は、隣人のビリンバウム一家が連行されるのを、近所の人々が笑いながら見ており一家が連れ去られるや否や、家屋内に殺到し略奪を始める話だが、以下の描写は強烈であった。

大きく開け放たれたドアからは、すでに野次馬の一部が家の中になだれ込んでいました。母は私に、弟たちの手をひいてついて来るようにいました。（略）台所まで来ると、母が食堂でがさごそと音を立てているのが聞こえました。（略）お皿が5枚、スープ用スプーンが5本、きちんと折った布製のナプキンが5枚、そして中央に大きな鍋敷、パンかごにはパンが数切

れ載っています。一家はちょうど昼食をとろうとしていたのでしょう。しかし、彼らが食事をすることはもうありませんでした。
「みんなテーブルについて」母の声が食堂から聞こえました。不思議でした。それは、私たちのために用意されたのではなかったはずです。なのに、みんな、いつものように母に従ってしまったのです。（略）
「煮込みスープね。いい匂い。ビリンバウムさんのおうちの食事はおいしいって評判だったもの」まるでビリンバウム一家がもう存在しないかのように、母は言いました。（略）
「頂きましょう」母は、スプーンをスープの中へ沈め、口に運びました。そしてうっとりとしたように言いました。「ああ、まだ温かいわ」

しかし、中には、強制労働に従事させられているフランス人捕虜に優しさを以って接する農家の主婦など、清々しい話も出てくる。誰に言われたのでもなく、人間として、後のドイツ基本法に云う「人間の尊厳」、日本国憲法に云う「個人の尊重」を実践した無名の人々の存在もあった。
本書の「あとがき」で彼女はこう書いている。

ナチス支配の時代が終わった時、私は17歳でした。私は、その時代をはっきりと意識して体験しました。当時の私たちは学校やメデイアや青少年組織から国家社会主義イデオロギーを叩きこまれていました。子どもの手本である親たちからナチス思想を教えられた若者もたくさんいました。

私たちは当然、それを信じ込んでいました。批判的なものの考え方など一度も学んだことがなかったからです。いったい、私たちは何を吹き込まれていたのでしょう？（略）

1945年4月30日、ヒトラー死亡のニュースをラジオで聞いた私は、絶望のあまり涙を流しました。ヒトラーがいない生活や世の中など、私達若者はだれも想像できませんでした。

（略）

まもなく時代の証人はいなくなるでしょう。その時代の恥ずべき行為が忘れ去られることがないよう、私はこの書を世に送り出します。人間を踏みにじる政治は、もう二度と行われてはなりません。それは、ドイツでも、他のどんな国でも同じです。

『ヒトラーを支持したドイツ国民』（R・ジェラテリー　みすず書房）でも当時の民衆がヒトラー政権を支持した様が描かれている（13頁参照）。

「帝国の総統」ヒトラーに対するドイツ国民の心酔ぶりは老若男女を問わずであったが、とりわけ子どもたちの「心酔」ぶりは徹底したものであった。

末尾の短編「輝かしき栄誉」をとくに興味深く読んだ。時代は戦後。孫のパウルが亡くなったゲルノーじいちゃんの遺品整理をする話である（父は戦死していた）。パウルは、じいちゃんとのやり取りを回想する。

いつものように、じいちゃんに学校はどうだ？　とたずねられたとき、パウルはふと、じいちゃん自身は人生の意味をどう考えているのか聞いてみたいと思った。

じいちゃんはしばらく黙って空を見つめていたが、淡々とした様子で答えた。ちょっと回りくどかった。

「今のわしの頭ではなにも思いつかんね。ただ、おまえぐらいの年齢のときに同じ質問をされたら、一秒だって考える必要はなかっただろう。すぐに、祖国に仕えることだと答えただろうよ」

パウルは笑わずにはいられなかった。するとじいちゃんは、まるで動物園の檻の中の動物を見るような目をした。実際、それくらい驚いたのだ。

やがて、パウルは粗末な木箱を見付けた。中にはじいちゃんの子どものころのノートが入っていた。ゲルノーじいちゃんのギムナジウム（中学）時代のノートを見つけ読み始めた。

1944年に書かれたものだから戦争末期である。最後の作文には「祖国のために死ぬことは輝かしき栄誉である」というタイトルがついていた。

僕はまだ15歳です。兵士になる前に戦争が終わってしまわないか、とても心配です。男女を問わず、年齢を問わず、祖国に奉仕することは全ドイツ国民の最重要義務です。

僕は今まで、ささやかですが国に奉仕してきました。僕たち男子生徒は農家で収穫の手伝いをしました。シュレジアやポメラニアからの引き揚げ者のために、食糧や水を運びました。我が町が空襲の被害を受けた時は、負傷者を保護したり瓦礫を片づけました。

しかし、それらは口に出す価値もないほど小さなことです。我々が持てるものすべて、総統とドイツ国民と祖国に捧げようと思っています。僕は命さえも、喜んで差し出すつもりです。僕は男に生まれたことを誇りに思います。兵士になれるのは男だけだからです。早く戦場へ行きたくてたまりません。必要とあらば命を捨てる覚悟です。「ドイツよ我らは喜んで、命を祖国に捧げよう、祝福受けた我らが命はやがて大きな実を結ぶ」と歌われているように。

僕は英雄になりたいです。もし戦争を生き抜くことができたら、僕はこう言いたいのです。僕もそこに居合わせた。そして、祖国の最終勝利に貢献したのだ、と。

この作文には、先生のサインであろう「1」と点数が書かれていた（ドイツの学業成績では1が最高点)。作者は以下のように続ける。

パウルは何度も何度も、その文章を読んだ。しばらくして、涙が頬を濡らしていることに気がついた。パウルはノートを閉じると、そっと置いた。これは不用品回収会社行きの箱に入れるわけにはいかない。ノートはとっておこう。やがて自分も子どもを持つ時が来たら、こう言って彼らに渡そう。次の世代のために大切に保管し、折に触れて読みなさい、と。そうすれば、君たちの祖国がゲルノーじいちゃんの頃のような国ではないことを幸せに思うだろう。幼い時から「おまえには何の価値もない。わが民族がすべてだ」と子どもたちを教化したり、有無を言わせず命令に服従させたり、人を使い捨てにするような国ではなくなったことも。

そして、最後にパウルに以下のように呟かせる。

パウルは壁にもたれ、屋根裏の天井を見上げて思った。ああ、ゲルノーじいちゃん。もっといろんなことを聞いておけばよかった。あの頃はどうだったの？ と。でも、もう遅い。

『片手の郵便配達人』

同じくバウゼヴァング著の『片手の郵便配達人』（みすず書房　２０１５年）も感銘深く読んだ。戦争末期、１９４４年８月からドイツが降伏した１９４５年５月迄の、ナチス支配下のドイツ中部の小さな村の生活が淡々と描かれた物語である。

戦争末期、間に合わせの訓練を受けただけで東部戦線に放り込まれた17歳のヨハンは、片手を失い、除隊して故郷に戻る。そして「片手の郵便配達人」として、受け持ちの村々を回り、郵便物を届け、また郵便物を預かるという日々を送っている。片手を失った以外は出征前と同じ日々だ。夏の終わりから秋、冬、そして春へと村の季節が移ろう。受け持ちの静かな村の自然の描写がすごく良い。

ヨハンは助産婦をしている母との二人暮らし、父のことは知らない。配達する郵便物は戦地の兵士からの留守家族への私信が中心であった。村の人々は、夫、父、息子の戦地からの便りを心待ちにし、寒い中、長い距離を歩いてきたヨハンの訪れを歓迎し、温かい飲み物を提供したりする。

森林官舎に住むキーゼヴェッター婆さんは、孫のオットーの戦死を受け入れることが出来ず、ヨハンにオットーからの手紙は来ていないかと催促し、そしてしばしば、ヨハンをオットーと思い違いをし、ヨハンを困惑させる。この思い違いが、後にヨハンに厄災をもたらすことになる。

戦局の悪化に伴い、手紙の中には、次第に、兵士の死を告げる役所からの「黒い手紙」も混じるようになった。ヨハン自身も、「黒い手紙」を留守家族に配達するのが辛い。或る悪天の日、助産の仕事に出た母が吹雪に巻き込まれ亡くなり、ヨハンは独りぼっちになる。

ある日、配達の途中で、村の道の雪かきをする除雪車の年配の運転手ゲオルクに出会う。車を降りて来た彼は、ヨハンに親密な態度を示し、これからしばらく会えなくなるかもしれないが、戦争はやがて終わる。それまで生き残ることが出来たら、教会裏の白樺林の中で会おうという。何故、教会裏の白樺林なのかと訝しがるヨハンに彼は、白樺林がヨハンの出生に深くかかわっていると告げる。この辺りの描写は淡々としているが、すごくいい。

ある日、戦禍を避けるため、東方から西方に向けて移動する一人の若い女性がヨハンの家に一夜の宿を乞う。ヨハンは断るが、もう歩けないという彼女のたっての頼みに承知することになった。彼女は、ヨハンが一人暮らしであることを知らなかった。彼女はヨハンの母と同じく助産婦であった。村ではたった一人の助産婦であったヨハンの母親が亡くなったため、大変困っており、この移動途中の助産婦の女性を歓迎する。彼女はしばらく村に滞在することになった。

彼女の名はイルメラと言った。イルメラは、やがてヨハンと一緒に暮らすようになった。戦争の終わる直前、イルメラは、必ず戻るからと約束して、西方に居る父母の処に顔を出すために出かける。そして戦争が終わった。だがイルメラはなかなか戻らない。戦後の大混乱の中で戻れないのだ。ヨハンは、彼女が戻るのが困難なら、自分が出かければいいと考え、身支度をして出かけようとする。すると思いもかけない事件に巻き込まれる。ヨハンは、彼女に会うことも出来なかった。また、教会裏の白樺林で会おうというゲオルクとの約束も果たすことができなかった。物語のラストは余りにも衝撃的であった。絶対お勧め。

著者は本書の「あとがき」で以下のように語る。

> 第二次世界大戦が終結して70年になります。敗戦国となったドイツは、大きな代償を支払うことになりました。ソ連やポーランドに割譲した東プロイセン、ポンメルン、シレジア、ズデーデン地方は多くのドイツ人が暮らす土地でした。ドイツは国土の4分の1を失い、小さな国になりました。（略）
>
> 何よりも悲しい出来事は何百万人という愛する人々の死でした。家族にとっては、大切な父親、夫、兄や弟、息子たちでした。彼らは命を捧げることが祖国への貢献であると信じながら、まったく無意味に死んでいったのです。
>
> ドイツ国民は、ヒトラー支配下で犯した罪に対して厳しく罰せられました。でもそれは当然の報いであり、私たちは罰を受け入れました。ヒトラーの独裁政治は誘惑的でした。自分が何をすべきか、自ら判断する必要がなかったからです。命令されていればよかったのです。

従うことは簡単でした。最上の方法を探ったり、他人に対して寛容であるよう努めたり、自分の責任においてものごとを決断する必要がないのですから、私たちはその誘惑に負けたのです。（略）

戦後、私たちは学びました。子どもたちも学校で、以前とはまったく異なる観点に立つ歴史教育を受けました。慎み深く、控えめに、自らを律し、強権的態度を取ることなく、下位で満足するよう努めました。そうやって少しずつ、暴力的犯罪国と見なされなくなり、他国と対等な友人関係を結ぶことができるようになりました。それには何十年という年月を要したのです。

そして、「私は日本の戦後処理について意見を述べるほどの知見を持っていません。また日本の近隣諸国への対応にも通じていません」と言葉を選びながらも、日本の人々に対し、以下のように語りかける。

日本もドイツと同じように、戦時中に周辺国において非道な行いをしました。その事実と、どのように向き合ってきたでしょうか。人は誠実であるべきです。個人も国も、謙虚になる必要があります。いかなる場合も、過ちを否定したり、事実をもみ消したり、隠そうとしてはなりません。罪を認め、心から詫び、できるかぎり償いをして、共生していく努力が大切です。そうして初めて、近隣の人々とよい関係が築くことができるように思います。それは垣根を隔てた隣家の人でも、隣国の人でも同じです。(略)

グールドン・バウゼヴァング

2015年秋

卵はいつか鳥になって岩を超える

盧武鉉元大統領がモデルの韓国映画『弁護人』を観る

国家保安法違反事件

1979年10月26日、朴正熙大統領が暗殺され、韓国では一時的な権力の空白状態が生まれた。民主化ムードも高まったが、粛軍クーデターにより全斗煥が権力を掌握し、1980年5月戒厳令を敷き、光州蜂起を武力鎮圧、民主化運動を弾圧した。大統領に就任した全斗煥軍政下の1980年代、高卒で司法試験に合格し判事となったソン・ウソクは、ソウル大などの学閥支配に嫌気がさし、弁護士に転身。釜山で不動産登記、税法弁護士として成功、金も稼いだ。行きつけのクッパ屋で食事中、民主化を求めてデモをし、警察から催涙弾攻撃を受けている学生たちを目撃し、クッパ屋の息子ジヌに「おまえはデモをするな。デモをしたら天罰が下るぞ」と諭す。ジヌから「デモをさせた人はどんな罰を受けるのか」と反論されたソン弁護士は、「デモで世の中が変わるか」、「どんなに卵を投げつけても岩は壊れない」と怒りを露わにする。ジヌは、「岩は固くても死んだもの。卵は生きている。鳥になって岩を超えて行く」と応ずる。

読書会に対する弾圧

東西冷戦下、大韓航空機爆破事件【註1】、北朝鮮によるラングーン事件【註2】など、南北分断の朝鮮半島に緊張が走る。朝鮮戦争は今、休戦中にすぎず、まだ終わっていないとし、〈捜査に追われているようでは国は滅びる、仕事は犯人を捕らえることでなく、犯行を予防することである〉とする秘密警察は、「予防」の名のもとに釜山で学生たちが行っていた読書会のメンバーを一斉逮捕した。秘密警察は、拷問を用いて次々に学生たちに「自白」させ、国家保安法違反で起訴、そのうちの一人にジヌがいた。ジヌの母親から懇願され弁護人となったソン弁護士は、法廷で刑事訴訟法の厳格な運用を求め裁判官に異議申し立てをし、また自らの正義を信じて疑わない秘密警察の違法捜査を徹底的に暴いてゆく。

殴る、蹴るは当たり前、濡れタオルで顔を覆い呼吸困難にするなど拷問場面の描写は凄惨だ。表情を一切面に現すことなく粛々と、自白させるためもっとも効果的な手段を選ぶチャ・ドンヨン警監が怖ろしい。思想統制の先兵たる者は、自らの正しさを微塵も疑ったりしない。

この物語は1981年に釜山で実際に起きた「釜林《プリム》事件」【註3】を基にしている。その弁護を引き受けたのが、後に大統領となる盧武鉉である。ソン弁護士は盧武鉉がモデルだ。

E・H・カーの『歴史とは何か』が共産主義を煽動する書籍？

検察側は、ジヌらが読書会で使用していたE・H・カーの『歴史とは何か』が共産主義を煽動する書籍だとする内外政策研究所の鑑定書を証拠として提出してきた。ソン弁護士は、反対尋問で証人に内外政策研究所が安全企画部（秘密警察）の建物内にあることを認めさせ、さらに鑑定書に書かれていた「著者は長年ソ連に滞在した共産主義者」というくだりを問いただす。確かにE・H・カーはソ連に長年滞在していた。しかしそれはイギリスのソ連大使としてだということを大使館に問い合わせた回答電報で確認し、これを証拠として提出した。そこにはイギリス外交部名で、E・H・カーがイギリスの外交官であり、尊敬を集める歴史家であること、当該書籍は共産主義擁護の本ではないこと、韓国の読者にも広く読まれることを願うこと等が書かれていた。検察側の面目丸つぶれである。だが、ソン弁護士のそのような弁護活動を他の弁護人らは喜ばない。

法廷が終わった後、検事上がりの相方弁護人が、いらいらしながら、「お前は、国家保安法事件は初めてだろう。公安事件の争点は量刑であって有罪無罪ではない。俺も検事時代、嫌々公安事件をやらされた。裁判官を怒らせるな」とソン弁護士をなじる。

「先輩は、彼らが有罪だと思うのですか。体中が傷だらけですよ。拷問で得た証言は無効ではないですか」と反論するソン弁護士。そして以下のようなやり取りとなる。

「拷問で得た証言……。法律通りなら無罪だ。法律通りなら、今の大統領も裁かれねば……。軍事反乱、内乱罪でだ」

「法律どおりではないのですか」

「お前に教える筋合いはない」

同僚弁護士から、冷ややかに対応されるだけでない。弁護人として頑張るソン弁護士に被告らも懐疑的である。

「無駄ですよ。卵で岩を割れない」と、ジヌは絶望的に語る。そんなジヌをソンは「卵はいつか、岩を超えて行くと教えてくれたのはお前ではないか。ここで粉々になってたまるか」と励ます。

やがて、ジヌも覚悟を決めて、自白調書が拷問によるものであることを語り始める。涙ながらに語るジヌ、他の被告たちも涙ながらに聞く。突如、傍聴席からジヌの母親が立ち上がって「ジヌ、泣くな、おまえは悪くない。悪いのはおまえを拷問にかけた連中だ」と叫ぶ。他の傍聴人も立ち上がって「拷問を止めろ」、「被告を釈放しろ」と、口々に叫ぶ。胸が熱くなる。だが捜査・検察当局は、自白は拷問によるものでなく、自発的なものであると強弁し続ける。次回の法廷ではサクラの傍聴人を動員し、被告の家族らの傍聴を妨害する。そして被告の体の傷は「自傷」だと居直る。検察官、裁判官がぐるになっており、弁護人もソン弁護士以外は、無罪を主張せず、まともな弁護活動をしないのであるから、裁判は茶番である。

勇気ある証言

転機が訪れた。自白強要チームに送り込まれていた陸軍軍医ユン中尉が、真実を語ると密かにソン弁護士に連絡してきた。彼の任務は拷問された被疑者を死なない程度に治療することだった。命を懸けて真実を語ると決意したのだ。だがどうやって彼の尋問を実現させるか。裁判官は、証人申請を却下するだろう。ソン弁護士は、自宅前で出勤する判事を捕まえ、拷問の事実を立証するとしてユン中尉の承認申請をし、却下したならば、外国人記者を含めた記者会見をして、拷問を立証する証人申請を却下した事実を告げ、本裁判が出来レースであることを明らかにすると判事を脅す。脅しに屈した裁判官がユン中尉の証人申請を認めると検察側が狼狽し、何故証人申請を認めたのかと詰め寄る。裁判官は、こっちにも都合があるのだと取り合わない。法廷が始まり、ユン中尉が拷問の事実を語り始める。傍聴席を含めて、法廷全体が、おぞましい拷問の実態に聞き入る。これで判決は無罪かと思われたが、そうはならない。捜査当局はユン中尉が休暇を取っていたにもかかわらず、「脱走兵」であるとして、その証言は信用できないと主張し、ユン中尉を拘束するために憲兵隊が法廷の外に来ていると告げる。裁判官は、書記官にユン中尉の証言の削除を命じて軍法執行の為と称し休廷を宣言する。怒るソン弁護士。法廷は怒号に包まれる。結局、《有罪、但し2年後に釈放》と裁判所による妥協案が示され、ソン弁護士らは苦渋の選択を強いられる。軍政下、国家保安法違反の裁判では法廷が始まる前から被告たちの有罪が決まっている。裁判で決めるのは量刑だけだ。

軍政に抗するのは時期尚早と「善意」の説得

依頼人、大手の建設会社へドンの社長が、ソン弁護士に国家保安法違反事件の弁護人を降りるよう説得する場面が印象に残る。

「なぜ私があなたにこだわるのか分かりますか。私もこの国がまともになることを切に願っている人間です。アメリカに留学して民主主義がどれだけ羨ましかったか。でもクーデターを起こし、無辜な市民を殺すことで、政権を握った連中に民主主義が通ずると思いますか。力で退けるしかない。民主化も市民運動もブルジョア中産階級があってこそです。韓国で中産階級による市民革命が起こるには国民所得が3倍にならなければ……。まだ時期ではない。さっき会長から電話がありました。他の弁護士を使えと怒られましたが、断りました」そして1枚の契約書を示し、「当社との専属的契約書です。……あの事件の弁護を続けるならば私はあなたに会った事さえ否定するでしょう」と語りかける。

「ご厚意に感謝します」とソン弁護士は、契約書を社長に押し戻し、「明日の裁判の準備がありますから」と立ち上がり、帰り際にこう語りかける。

「国が貧しいと法の保護を受けられない、その考えには同意できません」

事務所に戻ったソン弁護士から顛末を聞いた事務長は呆れ、「これだけは覚えておけ。今日でお前は楽な生き方が出来なくなった。後悔するな」と捨て台詞を吐いて帰った。ソン弁護士、及びその家族に対する脅迫、監視、嫌がらせとしての事務所に対する税務調査等々がなされる。

法曹人としての義務

それから数年、反権力人権派弁護士として民主化運動の先頭に立つソン弁護士は、1987年、朴鍾哲追悼集会【註4】など多数の不法な集会を企画したとして集会示威に関する法律違反で起訴される。

取調官から追悼式が釜馬事態のような混乱に発展することは考えませんかと尋ねられたソン弁護士は、「追悼とは個人を悼むことであり、本質的に静かな営みです。そこに恐怖を覚えるのは暴力で鎮圧する側の不安の表れだと思いませんか」と反問し、また、法曹人として法を犯したことは行き過ぎた行為だと思いませんかという問いに対しては、「法曹人だからやったのです。市民の基本的権利さえ法律で擁護されない今、矢面に立たなければ。それが法曹人の義務です」と答える。「矢面には立てない」という自覚のもとに「後衛」としての弁護士を選択した者としては、このソン弁護士の「決意」にたじろぐ。戦前、治安維持法下で弁護士資格をはく奪され、被告席にも座らせられた布施達治弁護士らならともかく、厳しい状況下とはいえ、憲法、法に依って「一応」は活動を保障されている日本の弁護士はソン弁護士に太刀打ちできない。中国共産党の人権弾圧下で苦闘している中国の人権弁護士たちに対しても同様だ。

やがて始まった裁判、傍聴席で不安げに見守るソンの妻。弁護士だけでなく、家族も脅し、様々な嫌がらせを受けている。自分に対してだけなら何とか耐えられても、愛する家族、とりわけ幼い子どもに対する危害の予告などには参る。

冒頭、弁護団長が裁判官に、本件では多くの弁護士が弁護の申し出をしている。裁判所から点呼、確認をしてほしいと弁護団名簿を手渡す。裁判長が一人ひとりの弁護人の名前を読み上げる。弁護人席からだけでなく傍聴席からも弁護人が次々と立ち上がる。「徳不孤《とくはこならず》　必有隣《かならずとなりあり》」（論語）だ。私の世代の言葉を探せば、「連帯を求めて孤立をおそれず」か。被告席のソンが涙ぐみながら聞く。釜山全弁護士１４２人中99名がソン被告の弁護人として出廷した。夜明けは近い。

卵は鳥になり岩を超えた　抵抗の憲法

軍政末期の１９８７年10月29日改正された韓国憲法前文には、「３・１運動によって建立された大韓民国臨時政府の法統」に続けて、「不義に抗拒した４・19民主理念を継承し」と加えられた。日本の植民地支配に抗した「３・１独立運動」、李承晩独裁政権及びその亜流政権を倒した１９６０年４月19日の「４・19学生革命」を建国の礎とする韓国憲法は「抵抗の憲法」だ。ソン弁護士らの活動はこのような「抵抗」の流れを汲むものであり、その運動が「４・19民主理念」を憲法典に押し込んだ。卵は割れず鳥になり、岩を超えた。

翌1988年2月、初の民主選挙により盧泰愚大統領が就任し、軍政が終わりを告げ、政治犯の大幅な赦免が行われた。金泳三大統領、金大中大統領を経て2003年2月、盧武鉉第16代韓国大統領が誕生した。

ソン弁護士の「変身」には米映画『評決』（1982年）ポール・ニューマン演ずるギャルピン弁護士の「変身」を思った。ソン弁護士（盧武鉉氏）を金権弁護士から反権力・人権弁護士へと変身させたのは何か。

依頼人へドン建設の社長が、ソン弁護士に国家保安法違反事件の弁護人を降りるよう説得した時のソン弁護士の返答、「国が貧しいと法の保護を受けられない、その考えには同意できません」が心に沁みる。

目の前の不義にどう抗するか。「ここがロドス島だ、ここで跳べ！」その昔、筆者らがよく使った言葉だ。

こういう映画が1000万人超える観客を動員する韓国社会、軍政下の人権弾圧の記憶がまだ生々しいからであろう。故マザー・テレサによれば「愛」の反対語は「憎しみ」でなく「無関心」であると云う。記憶を大切にする社会に未来を見ることができる。

2016年11月12日、朴槿恵大統領の退陣を求めソウルでの集会に26万人の人々が集まったという。

それにしても「お前ならどうする！」「お前にできるか！」と、自問しながらこういう映画を見るのはなかなか辛い。

【註1】１９８７年11月29日、飛行中の大韓航空機が偽造パスポートにより日本人に成りすました北朝鮮工作員によって爆破されたテロ事件。

【註2】１９８３年10月9日、北朝鮮の工作員が爆弾を使用してビルマ（現ミャンマー）のラングーン（現ヤンゴン）訪問中の全斗煥大統領の暗殺を企てた事件。全斗煥大統領自身は危うく難を逃れたが韓国側に多くの犠牲者が出た。

【註3】全斗煥政権が釜山民主化勢力を弾圧するためにねつ造した事件。１９８１年9月、釜山地域で社会科学読書会をしていた学生と教師および会社員など22人が令状なしで逮捕され、拷問を受けて19人が起訴され、法院で最高懲役7年の刑まで宣告され、後に刑執行停止で釈放され、民主化運動として認められた。２０１２年8月、当時の被告らが釜山地方裁判所に国家保安法違反の罪などに対する再審を請求し、裁判部は33年ぶりに全員無罪を宣告した。裁判部は「これらの行為が国家の存立・安全や自由民主的基本秩序に害悪を及ぼす明白な危険性があったと見るには不足している」とし、無罪を宣告した。

【註4】韓国の学生運動家 ソウル大の学生だった１９８７年1月、治安本部に連行され、逃亡中の先輩（朴鍾雲）の所在を尋ねられ、口を噤んだため、水拷問をされ死亡した。

『星夜航行』、『出星前夜』を読む

秀吉の朝鮮侵入略奪から島原蜂起まで

歴史とは現在と過去との間の対話

書評欄で知り、飯嶋和一著『星夜航行』（新潮社）上下2冊の大部なものを読了し、いたく感銘した。家康が三河一向一揆を鎮圧した時の話から始まり、長崎、琉球に展開し、明国制覇の野望に取り憑かれた秀吉の文禄の「役」（1592年）、慶長の「役」（1597年）、2度に亘る朝鮮侵略が日朝の民衆にもたらしたとてつもない厄災のことを考えさせられた。それは文字通りの侵入・略奪であり、「出兵」とは事の本質を歪めた侵略者の言葉である。

明国制覇の為の通り道としての秀吉軍による朝鮮国土への侵入・略奪、焼き払い。そして冊封体制下、応援に駆け付けた天兵（明国軍）による略奪、秀吉軍によって捉えられた朝鮮民衆の拉致とマカオ、ルソンでの人身売買、李瞬臣《イスンシン》に率いられた朝鮮水軍の制海権の確保による秀吉軍の補給の断絶、朝鮮義兵の勇敢な抵抗、そして秀吉の死による朝鮮半島からの撤退、船が足らず約5万人の足軽・軍夫の置去り、あたかも東アジアの近・現代史を読んでいるかのような錯覚すら覚えた。まさに「歴史とは、現在と過去と間における尽きることのない対話」（E・H・カー『歴

史とは何か』岩波新書）である。

朝鮮義兵と共に戦った降倭隊

秀吉軍からの逃亡あるいは朝鮮軍の捕虜となった秀吉軍の将兵が降倭隊（1000人規模）として、「南無観世音菩薩」の幟旗を掲げ朝鮮義兵と共に秀吉軍と戦った。

降倭隊幹部は、前述した、秀吉軍撤退に際し船の不足により放置された足軽、軍夫らの救出に動き、「かの者たちは日本で農や漁を専らする者たちです。この侵略戦の為、有無を言わさず行長らに連れてこられた者ばかりです、私どもに預けていたければ、土地を開墾し、糧を生むことが出来ます。ここで天兵による殺戮を許さず、この朝鮮王国で生かすことをお考えをいただきたく存じます（略）秀吉の軍を撃退すれば天将も天兵も明国へ引き上げます。明への帰国に際して、何よりの武功の証は「倭賊」の首級となります。船で立ち去った小西行長らとは異なり、順天倭城に置き去りにされた者は、戦いを宿業《しゅくごう》とするサムライではありません。しかし、足軽や人夫も「倭賊」に相違なく、ほとんどが帰国する天兵らの戦功の証しとして殺されるに違いありません。天将の軍が順天倭城に入城した時に、取り残された五千人余の「倭賊」がそこにいれば、天兵は手当たり次第斬殺して、首を狩り集めることになります」と、朝鮮軍司令官権慄に訴える。やがて明軍が道を埋める大軍で到来した。小西行長を始め将士たちは全て城を脱出し、残されているのは招集されて来た足軽衆と徴用された百姓衆だけであった。戦の習いで力なき者にまたしても大きな惨禍が訪れようとしていた。降倭隊は、放置された足軽、軍夫らが立てこもった順天倭城に急行する。「順天倭城の衆に申し上げる、拙者、阿蘇大宮司惟光が遺臣、岡本越後と申した者である。主君阿蘇惟光は、6年前の8月18日、肥後熊本で太閤に誅戮された。6年前の冬、身どもら阿蘇の旧臣は、朝鮮王国軍に降り、以来ここまで太閤の差し向けた諸勢と戦を交えて来た。太閤には恨みしかないゆえうしろめたいことは何らない」と呼びかけ、このまま籠城を続けていても、やがて到着する明軍による虐殺あるのみ、投降すれば生命の安全は保障すると朝鮮国軍司令官の承諾を得ていると説得に掛かる。「太閤には恨みしかないゆえうしろめたいことは何らない」という啖呵が気持ち良い。だが説得に応じて投降して来た者はわずかでしかなかった。

司馬遼太郎著『故郷忘じがたく候』（文春文庫）は、秀吉の死によって、占領していた全羅北道南原《ナモン》城撤兵することになった島津勢が、場内にいた朴、金、鄭、李など17氏70人ほどの男女を捕まえ、薩摩に連れ帰ったこと、拉致された男女の多くは陶磁の職人たちであったこと、彼らが、鹿児島の東シナ海を臨む苗代川《なえしろかわ》（現在の日置市美山《みやま》）に集落を構え、生計を立てるために陶磁器を焼き始めたこと、そしてそれが現代まで続いていること等について書いているが【註】、逆に朝鮮に残った日本人達による降倭隊という話は全く知らなかった。なんだかうれしくなる。

友人の在日韓国人弁護士李宇海氏の解説によると、韓国人には「族譜」という家系図を本にしたようなものがどこの家にもあり、冒頭にその本貫の由来が書いてあり、新羅時代に科挙に合格してどうこうしたとか、中国から来たとか、モンゴルからとか、ウイグルとか、トルコからとかもあるようで、中にはうちは「降倭」が始祖だと書いてある族譜もあるようだという。三河の水呑み百姓の子倅としては「族譜」と言われてもピンとこないが、始祖が中国、モンゴル、ウイグル、トルコ、はては、降倭とはさすがに大陸の一端を占める国であり、スケールが大きい。いまだに「単一民族神話」から抜け出せていない島国国家ではなかなか理解が難しいのかもしれない。

先の戦争でも、重慶で「日本人民反戦同盟」を結成し、日本兵の投降工作、捕虜教育などに携わった鹿地亘、緑川英子（長谷川）、そして同じく延安で反戦工作をした岡野進（野坂参三）等の存在もあったが、降倭隊によるような直接的な抵抗運動ではなかった。この抵抗運動の歴史は、日韓民衆の間でもっともっと共有化されるべきではないか。

ところで文禄の「役」での秀吉軍は、陸路、漢城（ソウル）を抜き、平壌まで占領するが、海上では李舜臣率いる朝鮮水軍に完敗し制海権を奪われ、博多、名護屋からの補給路を断たれる。朝鮮水軍の活躍に思わず拍手。

慶長の「役」では秀吉軍は朝鮮水軍を殲滅し、制海権を確保する。愚将に率いられた明軍は大軍にもかかわらず陸戦では連敗続きとなる。朝鮮王国軍も同様ふがいない。僅かに朝鮮民衆による義兵、降倭隊の活躍に拍手する。明・朝鮮の大軍に包囲されての蔚山城での加藤清正の籠城戦の描写、読んでいて、「あと一息だ、《李瞬臣がんばれ、清正の首を獲れ》」と加勢したくなる。しかし、清正は、兵糧攻めに耐え、落城寸前になって後方よりの援軍が到来して窮地を脱する。

沢瀬甚五郎の軌跡

本書の主人公、沢瀬甚五郎について語りたい。

彼の祖父は、徳川の家臣であったが、三河一向一揆の乱に際しては一揆側に加担し、家康に弓を引いた。一揆鎮圧後、追放された沢瀬一族は、農に生きることとなるが、馬の飼育に秀でていたことから甚五郎は家康の長男信康の小姓の一員に加えられた。

信康は、当時、織田・徳川連合の敵武田勝頼と通じていたとして、最終的に遠近江の二俣城にて切腹させられる。5人いた信康の小姓団も解体される。信康に「追腹」を切った小姓頭に困惑した徳川家の重役らは、甚五郎が殺したと「追腹」の事実を闇に葬ろうとする。真実を明らかにするため、甚五郎は逐電し、行乞《ぎょうこつ》によって命を繋ぎ修行する僧覚了が住む荒れ果てた山寺に身を潜める。観音寺と云う寺名は忘れられ、無間山《むけんざん》の山号で知られ、とうの昔に地中に埋められたが、鐘堂にあった釣鐘は、かってその鐘を撞いた者は来世に於いて無間地獄に落ちると語られ、里人などめったに近づきもしない荒れ寺であった。本書は、主人公の沢瀬甚五郎がこの寺に到着したところから始まる。始まりからして、スリリングだ。

覚了に師事し、行乞、修行に励んだ甚五郎は、やがて覚了の紹介で長崎の寺に移る。その後、いろいろあって長崎で商人となり、博多にも店を出し、琉球、ルソン等とも交易するようになった。甚五郎は、秀吉の朝鮮侵略に伴い、博多から朝鮮に兵糧米を運ぶことを命ぜられ、海路の途中で朝鮮水軍に襲われ、やっとの思いで到達した陸路でも義兵らに襲われ、最終的には降倭隊の一員となり、やがて同隊の幹部の一員となり、秀吉軍と戦う。前述した秀吉軍撤退に際しては放置された足軽、軍夫の救出作業にも従事することとなる。

甚五郎とかっての小姓団仲間との邂逅

本書の終章近くで作者は、甚五郎とかっての信康の小姓仲間との二つの邂逅を紡ぎだす。結末で冒頭のテーマに戻る、見事な構成だ。

磯貝小左衛門邂逅

甚五郎が朝鮮義兵、降倭隊らによって襲われ、降倭隊の幹部に組み敷かれ、危く命を奪われようとした時のことである。甚五郎を組み強いて殺そうとした降倭の幹部が甚五郎の顔を見て、「あっ」と驚き、一瞬組み敷いていた手を緩めた。その瞬間を逃さず甚五郎は、相手の胴を払った。その相手というのがかっての信康の小姓仲間の一人、磯貝小左衛門であった。そのことを降倭隊の指導者阿蘇大宮司惟光の遺臣岡本越後から知らされる。

岡本が甚五郎にかさのある旗袋を手渡した。中の旗を広げて見よと言う。言われるまま引き出した旗は、乳付の幟端で、一丈ほどの白布に「南無観世音菩薩」の七文字が大きく墨書されていた。

「この文字に見覚えはありませんか」岡本がそう尋ねた。

「小左衛門が？」

岡本が頷いた。小左衛門殿が繰り返し語ったのは「わしらは、降倭などではない。日本人でもない。わしらは観世音菩薩の化身なのだ。この戦乱で最も苦しんでいるのは、衆生、下々の民である。この朝鮮でも、日本でも、おそらく明国でも、もっとも厄災をこうむるのは、いずこによらず民草なのだ。この秀吉が起こした戦乱によって、親兄弟を殺され、夫や妻や子を失い、疫病は蔓延して、皆飢餓に瀕している。観世音菩薩は、十方諸国土、あらゆる国、あらゆる場所にその姿を現し、苦しむ衆生を救う。この朝鮮、日本、明国、大多数の苦しむ民草を救う方法は一つしかない。秀吉の軍を一刻も早くこの地から撃退することだ」と。

「甚五郎殿には、是非鉄砲術の指南をしていただきたい。日本人の足軽衆や役夫，それに朝鮮義兵と朝鮮王国軍の兵にも。これまで秀吉軍から鹵獲した鉄砲で使える物は全てとってあります。火薬は十分あります。弾丸も作っています。小左衛門殿は、朝鮮義兵ばかりか王国軍の将たちにも絶大な信頼を寄せられておりました。経緯《いきさつ》はどうあれ、かって小左衛門殿の僚友であったと知れば、それだけで皆が従うはずです。もちろん貴殿の腕前は、わたしが、よく存じ上げております」

もしあのとき、襲ってきた武者が小左衛門でなかったならば、甚五郎は生きていなかった。甚五郎に気付いたがゆえに、小左衛門は死ぬことになった。

「わかりました。それぐらいのことならばお役に立てるかと存じます」

小左衛門が食べるはずの糧を甚五郎が食し、小左衛門が眠るはずであった毛皮にくるまって、甚五郎は寝入ろうとしていた。

衆生《しゅじょう》被《ひ》困厄《こんやく》（衆生、困厄《わざわい》を被《こうむ》りて）
無量苦逼身《ひっしん》（無量の苦しみ身に逼《せま》るも）
観音妙智力《みょうちりき》（観音の妙《たえ》なる智力は）
能救《のうぐ》世間苦（能《よ》く世間の苦しみを救わん）
具足神通力《ぐそくじんつうりき》（観音は神通力を具《そな》え）
広修《こうしゅう》智《ち》方便《ほうべん》（広く手だてを修《おさ》めて）
十方《じっぽう》諸国土（あらゆる国土に）
無刹《むせつ》不《ふ》現身《げんしん》（その姿を表わさずにはいない）

小左衛門の声が聞こえた。確かに小左衛門の声だった。

いずれ罰を受けなくてはならない。甚五郎にはそんな想いがあった。それを怖れてもいたが、心のどこかで待ち望んでもいた。それにしてもこれほどの罰が下されようとは。

時を引き戻せるものならば、小左衛門が甚五郎だと気づくことなく、そのまま斬り殺されたかった。甚五郎は岡本の説得により降倭隊の一員になることを決めた。

ここを読んだとき、しばらくページを前に進めることが出来なかった。

長田伝八郎改め永井直勝との邂逅

小西行長軍ら朝鮮に侵攻した秀吉軍が、秀吉の死を契機に朝鮮から撤退した8年後の慶長12年（1607）年陰暦2月29日、断絶していた日朝国交回復のため朝鮮国王から派遣された正副使以下467名から成る朝鮮「回答兼刷還使《かいとうけんさつかんし》」が対馬の地を踏んだ。「刷還」とは、文禄、慶長の2度に亘る朝鮮侵入略奪により捕虜として日本に拉致された朝鮮人を連れ帰るという意味である。同年5月6日、朝鮮国王の勅使3名は、江戸城にて将軍秀忠に謁し、国書を取り交わした。帰国の途に着いた朝鮮通信使は、途中、駿府に引退していた家康を表敬訪問した。

家康の側近の一人にかつて甚五郎と共に信康に仕えた小姓団の一員であった長田伝八郎改め永井直勝がいた。朝鮮使節に家康からの引き出物を渡す役割を仰せつかった直勝は使節団の一行が休んでいる本田正純の屋敷に向かった。本田邸の客間で直勝は意外な人物に会った。

本田邸の客間には家康に謁見した3使と2僉知のほかにもう1人いた。同知である上判事だという。僉知2名と同じ服装だった。その新たに加わった末席の者を見た時、永井直勝は血の気が引いていくのを覚えた。口と顎一面に髭をたくわえていたが、顔だちから体つき、何もかもがよく見知った人物とあまりにも似ていた。彼の男が生きていれば当年47になるはずだった。その歳の頃も一致した。末席にいた人物は眼を上げず、終始うつむき加減で端座していた。……永井直勝が沢瀬甚五郎と最後に会ったのは14年前、博多の地であった。甚五郎は博多で立派な店を構え商人となっていた。その後、嶋井宗室と朝鮮に渡り、甚五郎は慶尚道の亀浦城へ兵糧入れに向かったのを最後に消息を絶ったと知った。

永井直勝は、朝鮮使節団より一足先に本田邸を出、門のところで待ち構えた。やがて勅使6名が前後を足軽衆に護られ出てきた。勅使たちを見送るふうを装い、先の5人は会釈してやり過ごし、6人目の男が目の前に来たとき、直勝は、いきなり大声で「いずれの行も及びがたき身なればー」と呼びかけた。だが、「地獄は一定住処《いちじょうすみか》ぞかし」と、かって博多の町で再会した時の下の詞は聞かれなかった。著者は書く。

「先を行く5人が直勝の声に一瞬振り向いたのに対し、6人目の男は何の反応も示さず、ただ、直勝の目の前を通りすぎた。会釈一つ返さず視線を直勝に向けることもなかった」

余韻に満ちた実に見事な終章である。読んでいて清々しさを感じた。史実ではないであろうが、史実であってほしいという気持ちになる。

無人の原城跡を訪れる

続けて、同じく飯嶋和一著『出星前夜』（小学館文庫）を読了した。1637年（寛永14）末から翌年に掛け、寒風吹きすさぶ島原半島の南端、原城跡に立てこもった（廃城に簡単な小屋掛けをしたものであり、多くは竪穴、横穴住居であり「城」でなく「城跡」と呼ぶのが正確である）島原、天草の農漁民2万7000人（3万7000にという説もある）が、幕命による九州一円の諸藩連合軍12万余と対峙し、全員殺戮されるという世に云う「島原の乱」を描いたものだ。

2017年暮れ、原城跡を訪れた。良く晴れてはいたが風の強い寒い日であった。無人の原城址本丸跡地に文部省・南有馬町教育委員会による以下のような「解説」が掲げられていた。

「原城は明応5年（1496）、領主有馬貴純（8代目）が築城したものといわれ、別名「日暮城」と呼ばれている。城は県下最大の平山城で周囲3キロメートル41万平方メートルの規模をもち、有明海に面して南東に突出した岬を利用した要害である。城構えは、本丸、二の丸、三の丸、天草丸、出丸などで構成されている。慶長19年（1614）、島原藩主有馬直純（14代目）は日向国県城（宮崎県）に転封され、元和2年（1616）松倉重政が大和五条（奈良県）から入部した。松倉氏は、一国一城令により原城を廃城とし、元和4年（1618）からの島原城（森岳城）の築城にあたり、構築用の石材としてこの城の石垣等を運んだものと見られている。

　松倉氏の藩政は領民へ苛酷な賦役と重税を課し、キリシタン弾圧など厳しく行ったため、寛永14年（1637）10月25日に天草四郎時貞を盟主として「島原の乱」が起こった。原城は同年12月3日から寛永15年2月28日まで領民（天草の領民も含む）約3万7000人（2万7000人ともいわれている）が88日間立てこもった島原の乱の終焉の地である」

「乱」とは支配者の言葉であり、農民たちの言葉を借りるならば「蜂起」である。

島原蜂起

時代は徳川三代将軍家光の頃、寛永14年（1637）年10月から翌15年2月ということだが、旧暦なので、ちょうど私が訪れた12月から年明けにかけての寒い頃であった。立てこもったのはキリシタンだけでなく、仏教徒もかなりいた。

　前述したように農民らは、領主松倉の苛酷な年貢取り立てに耐えきれず蜂起した。領主とすれば通常の百姓一揆でなく、キリシタン蜂起とした方が、幕府からの叱責も軽くなると考えたようだ。

　追討軍は、当時、通商のあったオランダ船に命じ、海からも原城を砲撃させた。農民たちは、様々な工夫を凝らしながら果敢に戦い、追討軍に死傷者約８０００人という大きな損害を与え、追討軍の最初の総大将板倉重昌は討ち死にしている。彼らは徳川幕府という「大日本」と戦った。蜂起の成算はなく、唯々数ヶ月持ちこたえれば、全国各地、とりわけ九州地域の隠れキリシタンが決起するのではないかという「願望」だけであった。

《秩父が立てば、信州が、上州が立つ》という幻想に縋り付き、明治藩閥政府の圧政に抗し、決起した秩父困民党の人々（１８８４年10月31日～11月９日）もそうであった。いつの時代にも《一点突破全面展開》というのは徒手空拳の民衆の見果てぬ夢だ。

落城後、農民たちに対する追及は酸鼻を極め、多くの者が虐殺されて埋められ、原城は徹底的に破壊尽くされた。四郎の首も晒された。他方で、領主松倉勝家が江戸に送られ、失政を理由に斬首の刑に処せられたのはせめてもの慰みか。徳川時代を通じて斬首の刑に処せられた大名は松倉勝家、唯一人である。

島原蜂起については学生時代に、堀田善衛の『海鳴りの底から』を読み、蜂起の実相が、表高に倍する草高による苛酷な年貢の取り立てに対する農民の絶望的な蜂起であることを知ったつもりでいたが、本書を読んで、年貢の具体的な数字を示され、何もわかっていなかったことを改め

て知らされた。違いは著者の目線にある。本書は、『海鳴りの底から』よりもはるかに低い百姓の目線で語っている。

本書の末尾において冒頭のテーマに立ち戻った著者は、島原蜂起の史実を9割9分絶望の物語として描きながら、「未来」に向けた1分の希望、否、希望の種を書き込んでいる。このような物語としての構想力、著者の人間に対する「優しさ」「信頼」に感動した。これ以上記すことは「書評」としては御法度であろう。『出星前夜』という本書のタイトルも含蓄に富む。

「大日本」と戦った原城の農民たちに思いを馳せながら、沖縄辺野古で、日・米「二つの大国」と闘っている人々のことを想った。そして、集団的自衛権行使容認の閣議決定・安保法制の強行採決という法の下剋上による憲法破壊の安倍政権と闘っている全国各地の「総がかり行動」の人々のことを想った。

天皇代替わりに思う

神話と歴史を峻別した津田左右吉も抜け出せなかった「皇室」という呪縛

『天皇はどこから来たか』

『天皇はどこから来たか』（長部日出雄　新潮社）を読んだ。

ずっと前に購入し、そのままになっていたものだが、とても面白いものだった。

学術書でなく、古事記、日本書紀、いわゆる『記紀』に関するエッセーの収録だから読み易い。例えば、「津田左右吉の弁明」と題する章で、戦前、岩波茂雄氏と共に出版法違反で有罪とされた津田左右吉氏が、戦後の1946年1月に発刊された『世界』の3号の論稿「日本歴史の研究に於ける科學的態度」で、「神話と史実の明確な区別」を主張し、人々の共感を得ながら、同4号の「建國の事情と萬世一系の思想」で皇室に対する「敬愛」を説き、慌てた編集部が、結論部分の「書き直し」依頼したが、津田氏がこれに応じなかったため、同じ号に〔「建國の事情と萬世一系の思想」発表について〕と題して、編集部からの津田氏宛の手紙を掲載したと云うような話とか、古事記の解釈を巡っての本居宣長と上田秋成の論争（宣長『呵刈葭』、秋成『安々言』）――上田は地球儀を持ち出し、こんなちっぽけな日本がどうして世界の始めだなんて言えるのかと鋭く宣長を批判している、宣長は、相当なナショナリストだ。――とか、神武東征、あるいは邪馬台国の所在場所を巡る論争などなど、とにかく面白い。縄文巨木文化、諏訪の御柱、2つの高千穂、天皇の来た道、等々の目次を見れば内容の見当が付く。

津田左右吉の「皇室」観

「世界」3、4号の津田左右吉論文及び編集部の手紙らのコピーを岩波書店の友人から送ってもらい【註1】、大変興味深く読了した。「建國の事情と萬世一系の思想」は、天皇制と皇室を分けて考え、天皇は強権的な政治をしたことは「歴史上一度も」なかったといい、「皇室」に対する敬愛の念を説く【註2】。

本居宣長『くず花下巻』も以下のように云う。

「如何にも漢国などには、徳によりて位をも得ることあれば、これは真の尊き物と思うも、さることなれ共、それは実は悪風俗也、皇国は神代より君臣の分《ぶん》早く定まりて、君は本より真にし、その貴きは徳によらず、もっぱら種《たね》によれる事にて、下《しも》にいかほど徳ある人あれ共、かはることあたはざれば、万々年の末の代までも、君臣の位動くことなく厳然たり」。「種《たね》」、すなわち「万世一系」の神話である。

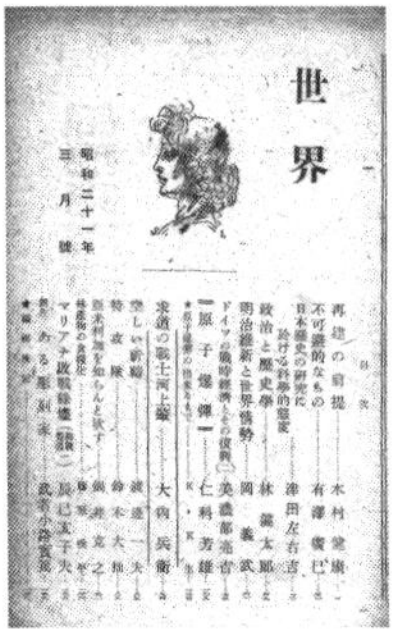

津田論稿を読みながら、1946（昭和21）年の憲法改正議会に

於ける「新憲法によって国体は変わったのか、変わらなかったのか」という論議【註3】、昔、読んだ布施辰治弁護士の息子が父のことを描いた『ある弁護士の生涯』（岩波新書）、丸山真男の『昭和天皇をめぐるきれぎれの回想』（1989年3月31日　岩波書店『丸山真男集15巻』所収）を思った。

布施辰治は、敗戦の翌1946年3月1日、皇居前で、終戦感謝国民大会を開催し、「人間としての良心によって天皇を戦犯追放から護る」と決議し、天皇陛下万歳を唱えた。戦前、治安維持法違反事件の弁護人などを務め、自らも弁護士資格をはく奪された経歴を有する布施辰治弁護士にしてである。

『ある弁護士の生涯』の著者、布施辰治の息子は、以下のように書く。

〈F氏は一度だって「天皇に奉仕するために日本の民族がある」という明治から太平洋戦争中の軍部の宣伝を正当だと感じたことはない。しかし太平洋戦争がいつまで続くかわからないというところを、天皇の英断によって無条件降伏へふみ切ったのだと思うと、幼少年のころ父親の「天子さまは百姓を大事になさるのに取り巻きの役人が悪い」という話でつちかわれた感情が思考の表面を流れるのだった。F氏は天皇崇拝の感情は一種の迷信であることをハッキリ認めながら、「天皇制支持は今日本人の過半数

の感情で一挙に打破するとしても不可能な性質のものである。しだいに迷信から解放されるのを待つより他ない」と論じた〕

丸山真男の述懐

丸山は、ポツダム宣言の受諾によっても、治安維持法が廃止され、獄中の共産党幹部らが釈放されるという事態までは想像できなかったとその驚きを以下のように正直に告白している。

〔1945年8月16日——といえば歴史的な敗戦の日の翌日である。私は広島市宇品区の船舶司令部参謀部情報班に陸軍一等兵として所属していた。参謀部情報班などというといかにも機密に近い場所に位置していたようにきこえるが、もとより兵隊の身分に課せられる日常的任務にそれほど重大なものがある筈はない。ところがこの日、私は情報班長のH中尉からいきなり「T参謀のところへ行け」と命じられた。……T参謀（陸軍少佐）は私に着席を命じてこういった。「これから約1週間、君に満州事変以来のわが国の政治史のあらましを毎日話してもらいたい。その間、君に一切の〝使役〟を免じる。また言論の自由も保証する。軍閥という言葉を用いても差支えない。自分の陸大在学当時、O教官は『日本をほろぼすものは軍閥だ』と教室で語ったことがあるが、今にしてその意味が分かったような気がする。明日1日の余裕を与えるから、明後日か

ら話をはじめてほしい」……こうして参謀と一等兵との差し向かいの奇妙な『講義』がはじまることになる。………T参謀の発するさまざまの質問のうち、つきつめたような表情で私に語ったのは、「連合国は民主主義と言っているが、そうなると陛下はどうなるのか？　君主制は廃止されるのではないか」という問いであった。私は、すぐさまつぎのような意味の返答をした。「御心配には及ばないと思います。民主主義がわが国体と相容れないというような考え方は、それこそ昭和の初めころから軍部や右翼勢力を中心にまかれて来たプロパガンダです。国法学の定義としても、君主制と対立するのは共和制であって、民主制ではありません。民主制は独裁制にたいする対立概念です。イギリスは君主制ですが、きわめて民主的な国家であり、逆にドイツは第一次大戦以後、共和国になりましたが、その中からヒットラー独裁が生まれました」云々……こういう返答をした私の動機にはT参謀への媚びはいささかもなかった。それはまさしく私の当時の考え方の正直な表明であった。………

9月中旬に私は、復員して東京に帰って来たが、連合軍司令部による矢継ぎ早の民主化への司令が発せられたのはその後のことである。一連の司令のなかには、私が大体予測していたこともあれば、全く予測の外にある出来事もあった。端的に後者の例をあげるならば、東久邇宮内閣の総辞職の原因となった、治安維持法以下の思想取締法および特高警察の廃止と、獄中18年組をふくむ一切の政治犯の即時釈放がある。ポツダム宣言を将校や下士官たちに説明してやった私、連合国の対日政策のおおよそのラインについては敗戦前から見当がついていた私――その私がどうして治安維持法の廃止や思想犯の釈放にまで思い及ばなかったか、を不審に思うかもしれない。が、事実それはまったく私の予想の外にあったことと告白しなければならない。何故か、ということは自分にも分からない。「無産政党」の自由な活動ということまでT参謀に語りながら徳球（徳田球一）や志賀義雄を総司令部が釈放することに――そこまでマッカーサー元帥の司令が及ぶことに思い至らなかったのは矛盾ではないか、と詰問されれば、残念ながらそのとおりと答えるほかないのである」

戦跡を巡る慰霊の旅、被災地への慰問等々、高齢にもかかわらず活発に動く、ここ数年の明仁天皇のあり様こそ、津田や、布施が抱いた理想の皇室像なのだろう。政治が現在のような在り様で、三権分立の司法も機能しない中で、護憲派「名君」に対する評価が高まって（樋口陽一、内田樹氏ら）いる。戦後最悪の安倍政権による「壊憲」策動に対峙するには「王党」派も含めた広範な陣形が必要だとは思う。

天皇制は民主制に反する

しかし、私はやはり、戦前の統治権の総攬者であった時代の政治責任はもとより、戦後の象徴天皇制に於いても、例えば１９４７年９月19日、連合軍総司令部宛になされた「沖縄を25年から

50年間米軍基地として使用することが日米共通の利益になる」とした裕仁天皇の「沖縄メッセージ」【註4】、そして1988年秋から1989年初頭にかけてこの国で起こった事態等々を忘れるわけにゆかない。

1989年1月7日予定されていた高校ラグビー決勝戦が「中止」となり（延期でなく中止）、大阪工大付属高校と茨城の茗渓高校の両校優勝とされた。中止の理由は裕仁天皇の死である。それから22年後の2011年1月9日、高校ラグビー決勝戦。東福岡高校と神奈川県の桐蔭学園、延長戦の結果、引き分け両校優勝となった。私はこの時、「清々しいノーサイドと痛恨のノーサイド」という一文を書いた（拙書『ここがロードス島だ、ここで跳べ！』梨の木舎）。「痛恨のノーサイド」とはもちろん22年前の1989年1月7日の「両校優勝」のことである。

どんなに「名君」であろうとも、また直接政治に関与しなくても、やはり「EMPEROR SYSTEM IS AGAINST DEMOCRACY」（昭和天皇の大喪の礼に各国首脳が集まった際、宿泊先のホテルニューオオタニに向けて上智大の学生たちが校舎に垂れ幕を垂らして、大学当局を慌てさせた【註5】）ではないか。

頂点が空洞という天皇制の無責任体系を鋭く剔抉し、戦後論壇に大きな影響を与えた丸山真男の「超国家主義と論理と心理」が発表されたのは『世界』5号（1946年5月号）であったが、この論考に関して前記丸山真男の回想は末尾近くで以下のように述べる。

〔敗戦の翌年2月頃に、私は創刊されたばかりの雑誌「世界」に吉野編集長の委嘱によって「超国家主義の論理と心理」を執筆し、これは5月号に掲載された。この論文は、私自身の裕仁天皇及び近代天皇制への、中学生以来の「思い入れ」にピリオドを打ったという意味で ― その客観的価値にかかわりなく ― 私の「自分史」にとって大きな劃期となった。

敗戦後、半年も思い悩んだ挙句、私は天皇制が日本人の人格形成 ― 自らの良心に従って判断し、行動し、その結果に対して自ら責任を負う人間、つまり「甘え」に依拠するのと反対の行動様式をもった人間類型の形成 ― にとって致命的に障害を為している、という結論にようやく到達したのである。

あの論文を原稿紙に書きつけながら、私は「これは学問的論文だ。したがって天皇および皇室に触れる文字にも敬語を用いる必要はないのだ」ということをいくたびも自分の心にいいきかせた。のちの人の目には私の「思想」の当然の発露と映じるかもしれない論文の一行一行が、私にとってはつい昨日までの自分に対する必死の説得だったのである。

私の近代天皇制に対するコミットメントはそれほど深かったのであり、天皇制の「呪力からの解放」はそれほど私にとって容易ならぬ課題であった〕【註6】。

来年は天皇代替わり、天皇制論議がまた活発になると思う。

【註1】『世界』3、4号の表紙目次に記された論者・論稿、敗戦による廃墟から復興への模索が興味深い。鈴木大拙『特攻隊』、渡邊一夫『空しい祈祷』等読んでみたい。

【註2】1946年元旦になされた天皇の「年頭詔書」に付、天皇の「人間宣言」として、現人神から人間へという解説がなされることがあるが、同詔書に「朕ト爾等国民トノ間ノ紐帯ハ、終始相互ノ信頼ト敬愛トニヨリテ結バレ。単ナル神話ト伝説トニヨリ生ゼルモノニ非ズ。天皇ヲ以テ現人神トナシ、且ツ日本国民ヲ以テ他ノ民族ニ優越セル民族ニシテ、延ベテ世界ヲ支配スベキ運命ヲ有ストノ架空ナル観念ニ基クモノニモ非ズ」とあるように、ここで強調されたのは、天皇の「神格」を否定し、天皇と国民（ここでは「臣民」とは言ってない）は、昔から信頼と敬愛によって結ばれていたと云うことである。敗戦に際して、貞明皇太后は「明治時代以前の状態に戻るだけだ」と嘯いたという。

【註3】憲法改正によって、国体の変更を来さないかという質問に対し、政府は以下のように答弁した（佐藤達夫『日本国憲法誕生記』中公文庫）。

〔「国体」とは、国家の個性を云うものと考える。而して、わが国の国体は「国民の心の奥深く根を張っている天皇とのつながりによって（いわば天皇をあこがれの中心として）国民全体が結合し、もって国家存立の基底を成している」ということに在ると信ずる。本改正は、この国家存立の基底を変更するものではないから、これによって、国体の変更を来すことはない。〕

〔従来、天皇が統治権を総攬せられることをもってわが国体なり、とする考え方があるが、かかる考え方をもってすれば、憲法改正によって、国体は変ったことになる。しかし、この考え方は、政体の面に着眼しての考えであって、深く国体の真髄に徹したものではない。すなわち、天皇が統治権を総攬せられることは、政体の問題と考える。今回の憲法改正によりかかる政体的の面においては大きな変更を生ずるが、これは国体の変更ではない。〕

【註4】1947年9月19日、裕仁天皇は、宮内庁御用掛け寺崎英成を連合国軍総司令部政治顧問シーボルトのもとに派遣し、「沖縄メッセージ」を伝えさせた。シーボルトは、これをマッカーサー連合国軍総司令官、マーシャル国務長官に伝えた。「寺崎が述べるに、天皇は、アメリカが沖縄をはじめ琉球の他の諸島を軍事占領し続けることを希望している。天皇の意

見によるとその占領は、アメリカの利益になるし、日本を守ることにもなる。天皇が思うにそうした政策は、日本国民がロシアの脅威をおそれているばかりでなく、左右両翼の集団が台頭し、ロシアが〝事件〟を惹起し、それを口実に日本内政に干渉してくる事態をも恐れているが故に、国民の広範な承認を勝ち取ることが出来るだろう。天皇がさらに思うに……」（傍線筆者）。ここで云う「国民」とは沖縄県民を棄民としたヤマトの「国民」である。ヤマトの国民は、裕仁天皇の予測したとおり、沖縄の切り捨てに「広汎な承認」をした。その結果が日本国土の0.6％の広さしかない沖縄に在日米軍施設の70％が集中すると云う苛酷情況をもたらしている。

【註5】内海愛子恵泉女学園大学名誉教授の話に依れば、当時、この件で夫君の故村井吉敬上智大学名誉教授が始末書を提出したという（笑）。現上智大生にかってのような気概はありや。

【註6】米谷匡史「丸山真男と戦後日本―戦後民主主義の〈始まり〉をめぐって」（『状況』1997年1、2月合併号）は、丸山の「超国家主義の論理と心理」は1946年3月6日の新憲法草案（GHQの「押し付け」により日本政府が政府案とした）の内容を見て、後追いとして、前年の8月15日の敗戦の意味をとらえ直して書かれたものであると興味深い指摘をしている。

憲法学者宮沢俊義の「8月革命説」と同様、彼らは、ポツダム宣言の受諾から半年以上経て、「GHQ作成」の憲法草案を見て初めて、ポツダム宣言受諾の意味する処を知ったのだと米谷は述べる。丸山の「超国家主義の論理と心理」は、「敗戦後、半年も思い悩んだ挙句」という自省だけでなく「GHQ作成」の憲法草案という外部的な衝撃があって始めて生まれたものであると云うのである。米谷は、『世界』5月号に掲載された丸山論文の末尾には3月22日と脱稿日時が記載されているが、同論文が収録された論集『現代日本の思想と行動』（未来社）では、この日時が削除されているとも言う。

『壁あつき部屋』と『軍神山本元帥と連合艦隊』との併映
60年前、偶々小学5年生が遭遇したB・C級戦犯映画の衝撃

巣鴨プリズン

『壁あつき部屋』（監督：小林正樹、脚本：安部公房、松竹・1956年）を観た。

日本の敗戦後、1951年9月8日、サンフランシスコ講和条約締結前後頃の時代背景の中で、巣鴨《スガモ》の戦犯収容所《プリズン》に拘禁されていたB・C級戦犯（POW）をテーマにした映画である。モノクロ、「戦犯」というテーマからして重く、戦闘場面はないものの、日本軍による、現地住民虐殺、戦犯として処刑される元日本兵などのシーンが随所に織り込まれるなど、暗い映画である。しかし、観終わった際には、ある種の感動すら覚えた、素晴らしい映画であった。感動したというのは、後述するように、上官の命令で、住民虐殺を強いられ、日本の敗戦後、B・C級戦犯裁判で、その罪を一身に背負わされた元兵士らが、残された家族のことなどを思い、悶々とした日々送りながらも、自分を陥れたかっての上官への復讐心を克服して、人間として再生を図って行く姿にうたれたからである。

サンフランシスコ講和条約第11条

戦犯として収容された彼らは、戦犯であることを表示する大きな「P」の字が背中に記された衣服を着せられ、外界から「あつい壁」で遮断された房の中で集団生活をさせられている。夜寝ている時、夢の中に、自分が殺した現地住民の姿が浮かんで来、うなされる。いつまでこの生活が続くのだろうか。望みは、近々結ばれるらしい講和条約による赦免である。

だが、そんな希望もむなしく、1951年9月8日、サンフランシスコにて締結された講和条約第11条には、「日本国は、極東国際軍事裁判所並びに日本国内国外の他の連合国戦争犯罪法廷の裁判を受諾し、且つ、日本国で拘禁されている日本国民にこれらの法廷が課した刑を執行するものとする。これらの拘禁されている者を赦免し、減刑し、及び仮出獄させる権限は、各事件について刑を課した一又は二以上の政府の決定及び日本国の勧告に基づく場合の外、これを行使することができない……」とあり、彼らの出獄は適わなかった。

「俺たちを売りやがった!」「これで独立国と言えるのか!」と怒る収容者達。

収容者の一人山下は、山下ら敗残兵に食料を分けてくれた親切な原住民について、あとで敵に通報される怖れがあるからとして、山下に原住民虐殺を命じたにもかかわらず、敗戦後のB・C級裁判では卑劣にもその責任を山下に押し付けたかっての上官浜田が、今なお彼の家族に対して非道な仕打ちをしていることを面会に来た妹から聞かされ、浜田を殺そうとしてプリズンからの逃亡を企てる。当然のことながら逃亡は失敗した。

この話が、他の収容者の口から面会者を通じて、外に伝えられ、アメリカ帝国主義に対する闘争であるかのように歪曲されて、当局の言い方に倣えば某「左翼雑誌」に載った。当時、朝鮮戦争が勃発し、世の中は騒然としていた。当局は、外に情報を流したのが誰かと収容者を追及し、犯人を申告した者には金1万円の報奨金（当時としては大変な金額）を出すと収容者らに伝える。そんな事件もあったが、しかし、講和条約締結後は、当局の収容者らに対する態度は自然と緩やかになって来た。ダンスチームなど、外から、プリズンに慰問団も来るようになる。

巣鴨プリズンの民主化闘争

そんな慰問団がプリズンに来たある日の集会室での出来事。慰問団の登場に先だって、壇上にA級戦犯の元将官達がふんぞり返り、代表が、米国の温情厚き態度を称賛し、逃亡行為を反米売国的なもので許されないとB・C級戦犯たちに説教し、「わたしどもA級はいわば政治犯、B級の諸君たちはいわば刑事犯とも言えます。しかし、ともに戦争の犠牲者であることは皆さんといささかも変わりがないのであります」とやった。

その時である、朝鮮人「戦犯」（伊藤雄之助）が立ち上がり、壇上のA級戦犯をにらみつけ、「お前らは犠牲者ではない。責任者だ！　ぶっ飛ばされるぞ！　お前らのせいで俺は祖国をなくした。

朝鮮人民は日本帝国主義によってめちゃめちゃにされてしまった。朝鮮は今も戦争中だ」と叫ぶ。発言を支持する者とそうでない者で集会場は大混乱となる。やがて騒ぎは一旦収まるが、今度は別のものが立ち上がり、サ講和条約11条を受け入れた日本政府、及びこれに抗議しない壇上のA級戦犯らを舌鋒鋭く追及する。この追及に立ち往生した壇上のA級戦犯たちは、ついに逃げ出してしまう。この辺りは見ていて「そうだ、そうだ」と拍手をして加勢したくなる。残ったのはB・C級戦犯ばかり。やがて一人が立ち上がり、脱走事件を外に漏らした者の探査及び情報提供者に対する報酬の撤回を当局に求めようと提案し、支持されるや、この会場で正式に決議しようと語りかけ、まず一度座ってほしいと皆を座らせる。そして、撤回を求めることに賛成の者は立ってほしいと呼びかける。最初に、3分の1くらいの収容者が立ち上がる。それに触発されて、次第に他の者も立ち上がる。ついにはほとんどの者が立ち上がり、圧倒的多数で撤回要求が決議される。そして予定どおり慰問団のショウを楽しむ。「民主化」という言葉が浮かんでくる感動的なシーンだ。最初から全員が立つのではないところがいい。

壇上のA級戦犯らを追及した伊藤雄之助は、あの独特の長い顔、声、ぴったしの役だ。余談になるが、映画界では、「愚痴の鶴田に、ボヤキの三船、文句言うのは雄之助」というような言い伝えがあるらしい。この映画にはセリフ劇ともいうような面もあり、戦犯たちのセリフ一つ一つに深い味がある。そんな中で、伊藤雄之助演じる朝鮮人戦犯の発言は心に残る。この時の伊藤雄之助の若かったことか。

朝鮮人B・C級戦犯に対する不条理

朝鮮人B・C級戦犯について、少し説明しておこう。

日本軍は、多くの朝鮮人を軍属として徴用し、彼らの多くを俘虜収容所の看守として使った。その為、日本の敗戦後、多くの朝鮮人軍属が俘虜を虐待したB・C戦犯として処刑され、あるいは無期懲役刑などの重刑に処せられた。伊藤雄之助が演じた前記朝鮮人戦犯もそうした一人であった。彼ら朝鮮人は1952年4月28日、サンフランシスコ講和条約発効に際し、日本政府によって、日本国籍を一方的に剥奪された。その為、講和条約発効後施行された、「戦傷病者・戦没者遺族等援護法」適用について、日本人ではないからとして排除された。当時、巣鴨プリズンには29名の朝鮮人と1名の台湾人がB・C級戦犯として収容されていた。1952年6月、彼らは、「自分たちは講和条約発効と同時に日本国籍を失ったのであるから、日本国民ではない。したがって身体の拘束を続けられる法的根拠がない」として人身保護法による釈放請求の申し立てをした。講和条約第11条は、「日本国で拘禁されている日本国民にこれらの法廷が課した刑を執行するものとする」としていた（傍線筆者）。この申立てを審理した最高裁は、同年7月30日、「戦犯者として刑が科せられた当時日本国民であり、かつ、その後引き続き平和条約直前まで、日本国民として拘禁されていた者に対しては、日本国は平和条約第11条により刑の執行の義務を負い、平和条約発効後における国籍の喪失または変更は右義務に影響を及ぼさない」として、彼らの請求を棄却した。援護法については国籍を失ったから適用されないとし、「刑」の執行については日本人であった時の行為に関してであるから引き続きというのは全くのダブルスタンダードであり、到底納得できるものではない。この「国籍を失ったから援護法の適用がない」という不条理は、戦後70年以上を経過した、今日においても全く変わっていない。恥ずかしい限りである。なお、同じくBC級戦犯問題をテーマにしたものとしては橋本忍原作の『私は貝になりたい』（最初はテレビドラマとして）が有名だが、この作品には植民地支配の問題が欠けているという恨みがある。『壁あつき部屋』は、植民地問題にも触れている。

収容者山下の一時帰郷

話を巣鴨プリズンに戻す。ある日、山下に母の死が伝えられる。葬儀に出席するための一時出所が認められるか。当局は、当初否定的だったが、収容者らの運動が効を奏し、山下に一時出所が認められる。故郷に向かう山下。同房者たちは、「山下さん、今頃汽車に乗っているのだろうな」、「山下さん帰って来るかな」、「必ず帰って来るよ」などと噂をし合う。山下は故郷に戻り、通夜に間に合う。通夜をしていた近所の人たちは、山下の帰郷を喜び、親子水入らずで通夜をさせてあげようとして、「また明日来るからね」と声をかけて席を外す。妹と2人で通夜をしていた山下は明け方になって、突如、山下に現地住民殺害を命じたかっての上官浜田のところに行くと言い出した。

「行ってはいけない」と必死になって止める妹。山下は「話に行くだけだ」と妹の制止を振り切って浜田の家に行く。観ていて緊張する。山下が突然現れて恐怖する浜田。浜田の首を絞めようとする山下。だが、山下は最後のところで踏み留まった。恐怖におののいている浜田を蔑みの目で見て山下は家に帰る。翌日、近所の人々と共に大八車で母の亡骸を火葬場に運ぶ山下。途中で、妹が言う。「兄さん、もう帰らないと間に合わない」。頷く、山下。

そして妹に言う

「お前、これからどうする」。

「うん、生きて行くよ」と答える妹。

山下の帰所の時間が迫るスガモプリズン。同房者たちが心配そうに、「山下さん、戻って来るかな」と噂し合っている。帰所時間ギリギリに戻ってくる山下。「戻ったよ」と同房者に声をかけ、途中で買ったキャラメル一箱を投げる。映画はそこで終わる。この映画には、この年『君の名は』で大ヒットした岸恵子が可憐な乙女（戦中）、娼婦（戦後）という役で出ている。

一つ気になるシーンがあった。それは故郷に帰った山下が、明け方、浜田の家に向かう途中に出会った近所の老人とかわす以下のようなやり取りだ。

老人「今度の事はてーへんだったな。こんなに朝早くどこに行くのか」、「浜田の処、あのガキもお前に合わせる顔がないだろう」、「うちのばあさんは、おまえに同情していたよ」

山下「おじさん、俺のこと、悪いことをしたと思っているのでは」

老人「悪いも何も、百姓や職工に、てえした悪いことは出来やしないよ」

このやり取りは、このシーンとして違和感はない。老人の優しさを感ずる。しかし、日本軍の残虐行為一般論について言えば、残念ながら、俘虜、住民虐殺などの残虐行為はこうした普通の百姓、職工たちによってなされたという事実は事実として認識されておかなければならない。

巣鴨プリズンの変容と解散――何が変わったのだろうか

前述したようにサ講和条約発効後、（冷戦の進行もあって）第11条による戦犯の拘禁継続義務にも拘らず、巣鴨プリズンにおける収容者達に対する扱いはかなり緩いものとなった。この辺りは、吉村昭著『プリズンの満月』（1995年 新潮社）に詳しい。「昭和30年に入ると、一時出所者は定められた期限に帰ってくるものが少なく、故郷にそのままとどまって就職する者すらいた。また臨時外出者も帰らず、プリズンは3日以上復所しない者に給食停止の処置をとった。既にプリズンは刑務所の性格を完全に失い、獄舎は戦犯たちの宿泊所にすぎなくなっていた。戦犯たちは自由に出歩き、彼らを拘束する規定も形骸化していた。そうした状況は戦争裁判からわずか8年で、裁判そのものが本質的になんの意味もなかったことを示すものであった」と同書は書く。もちろんこのような取り扱いについて、かっての連合国、例えば、オランダ、オーストラリア大使館筋などから、サ講和条約第11条違反だという抗議がなされることがあったが、この抗議もこれらの流れを止めることにはならなかった。

1952年5月27日、日本弁護士連合会は、会内に戦犯釈放特別委員会を設け釈放運動に手を付け、夏には政府に対して戦犯の全面赦免の即時断行を要求するに至った。

同年11月26日には、読売新聞社社長・正力松太郎（元内務省警保局長、A級戦犯容疑者として巣鴨プリズンに収容されていたが、東条英機元陸軍大将らの処刑の翌日、岸信介らとともに釈放）の協力を得て、後楽園球場で催されたプロ野球セ・パリーグ交流戦に戦犯629名が招待され、観戦した。観戦した戦犯たちの中には、元海軍大臣嶋田繁太郎、元ドイツ大使大島浩らもおり、当日の夕刊は、「晴れてプロ野球見物……後楽園に巣鴨の戦犯629名」（読売）。「大島、嶋田A級戦犯ら観戦」（朝日）という大きな見出しで、写真と共に報じた。

1956年（昭和31）3月31日、東京裁判で終身刑の判決を受けた元陸軍中将佐藤賢了が巣鴨プリズンを出て、これでプリズンに収容されていたA級戦犯は全て釈放となった。5月30日、巣鴨プリズンに残っていた米国関係の戦犯18名に仮出獄が通告され、プリズンの戦犯は皆無となった。

同年6月21日、巣鴨プリズン解散祝賀会が催され、元戦犯を始めとした関係者多数が参集した。須田所長が、全員が出所するまでの経過説明をし、支援してくれた関係者に感謝する旨を述べた。ついで法務大臣愛知喜一が戦犯の苦労について触れ、最後に戦犯を代表して、元陸軍大将荒木貞夫が謝辞を述べたという。戦争末期、竹槍で本土決戦を呼号したこの老人は、一体何を喋ったのだろうか【註】。同書により、このような事実を知り、私は、唖然とした。

『壁あつき部屋』で、虐殺した俘虜、原住民らの姿にうなされ、外の家族の苦境に悶々としていた山下らの苦しみは何であったのだろうか。「お前らは犠牲者ではない、責任者だ」と舌鋒鋭く追及した伊藤雄之助演ずる朝鮮人「戦犯」は何というだろうか。一番忘れられてはならないことは、日本軍に虐殺され非業の死を強いられた人々の声だ。何が変わったのだろうか。

60年前、小学校5年生が観た、映画『壁あつき部屋』

私は小学校5年生の頃、この映画を父親と一緒に観ている。田舎の映画館だから、封切りから半年くらい過ぎてからだと思う。この映画を観に行ったわけではない。小学生が見てわかるような映画ではとてもなかった。お目当ては別な映画にあった。当時、映画は2本立てがごく普通。どのような映画の併映作品として観たのか、今となっては定かではない。しかし、この映画『壁あつき部屋』は、何か得体のしれない、「おそがい」(「恐ろしい」三河地方の方言)、気持ちの悪い映画として、ずーと記憶の底に残っていた。日本軍兵士による現地住民の虐殺のシーンと並んで、何故か、その元日本兵に、「悪いこと? なあに、百姓にてぇーした悪いことは出来ないよ」と優しく語りかける老人のことだけをしっかりと覚えている。この老人の言葉に何か安心感をもたらされた。

後に弁護士をやるようになって、戦後補償問題等にも携わるようになり、その関連で戦犯の問題なども考えるようになった。数年前、B・C級戦犯問題を研究しておられる内海愛子恵泉女学園大学名誉教授と話していた際に、この映画のことが話題になり、彼女がこの映画のDVDを持っているということからお借りすることになった。お借りしたDVDは処々切れたり音が聞き辛い処もあったが、それがまたこの映画を観る雰囲気とも合致した。小学生の頃見て感じた、怖い、気持ちの悪い映画という印象が、一変したというわけではないが、実に感動的な力強い映画だという思いを強くした。子どものころに見て記憶の底でずっと気になっていた映画『壁あつき部屋』を改めて観ることでやっと永年のモヤモヤ感が消えた。

真珠湾攻撃の「物語」が好きな日本人

ところで、親父と一緒に見に行った映画は、大河内伝次郎が山本五十六海軍元帥を演じた『太平洋の鷲』（副題「日本連合艦隊は斯く戦えり」東宝）かな、と思ったが、調べてみると、この作品は1953年制作なので、違うことが分かった（後述するように、『壁あつき部屋』の製作も53年であったが、公開が3年延期された）。

『壁あつき部屋』が公開された同じ1956年11月に、新東宝で、今度は、佐分利信主演で、『軍神山本元帥と連合艦隊』（監督志村敏雄）制作されているので、多分これではないかと思う。「真珠湾攻撃」の映画と「B・C級戦犯」映画の併映、奇妙な組み合わせだ。この「奇妙さ」が戦後ずーっと続いている。しかし、ある意味ではこの「奇妙さ」が大切なのではないかと思う。

敗戦から8年、サンフランシスコ講和条約が発効して1年後の1953年にもう早速、大河内伝次郎主演で、真珠湾攻撃の映画が作られ、その3年後には、また佐分利信主演で制作される。その後も繰り返し制作される。日本人は、「忠臣蔵」と同様、「真珠湾攻撃の話」が好きなのだ。誇りにさえ思っているのではないだろうか。この点は国際的な感覚と大いに異なる。日本軍による真珠湾攻撃は米国では宣戦布告前の騙し討ちと徹底した反日キャンペーンに使われた。この攻撃にロンドンでチャーチルが、重慶で蒋介石が小躍りして喜んだ。これで米国も参戦する、ドイツに勝った、日本に勝ったと。モスクワではスターリンも喜んだ。これで、背後から日本に攻撃されることがなくなったと。

２０１６年12月27日、真珠湾を訪問した安倍首相は、米国の「寛容さ」を称えつつも他方で「勇者は勇者を称える」と「将軍」でもあるかのような演説を為した。彼も真珠湾攻撃を誇りに思っているのだろう。戦争を知らない「軍事オタク」である。真珠湾攻撃こそ、日本が破滅に向かって大きくジャンプした瞬間であったことを歴史の教訓（「歴史の後知恵」と呼んでも一向に構わない）理解すべきである。『軍神山本元帥と連合艦隊』と『壁あつき部屋』という2本立ての映画、前者の１本しか見ていない安倍にはこの「奇妙な組み合わせ」が理解できない。

私たちは、「何をすべきか」ということについては判断に迷うことはある。しかし、「何をしてはいけないか」ということについては、歴史の教訓によって、比較的容易に判断できる。「政府の行為によって、再び戦争の惨禍が起こることのないようにすることを決意し、ここに主権が国民に存することを宣言し」（日本国憲法前文）がこの国の指針《コンパス》である。この指針は、私たちに、常に、アジアで２０００万人以上、日本で３１０万人の非業無念の死を強いられた人々の声に耳を傾けながら歩めと語りかけている。

【註】1956年4月14日、文化放送が、元A級戦犯らの声で構成した30分番組を流した。その中で、元陸軍大臣荒木貞夫は「敵軍が本土に上陸したら……敵軍は惨憺たる光景になっただろう」と語り、元企画院総裁・元陸軍中将鈴木貞一は、「国民が本当に戦争を欲しないことが政治に反映していれば戦は出来なかったはずだ。……軍人だけを責めるのは無理で、国民の政治的責任だ」と語った。また東京裁判で、主任弁護人であった清瀬一郎は、同番組でも、先の戦争はアジア解放のための戦争であったと「聖戦論」を展開した。当時、清瀬は現役の文部大臣であった（2017年2月14日『朝日新聞』夕刊）。懲りない面々だ。

「本土決戦による《惨憺たる光景》の中に、日本国民は、入っていないと云うのか、バカヤロー」と叫びたくなる。

追記

この映画の公開は1956年10月だが、1953年10月には完成していた。いよいよ公開という矢先に、東宝が制作した『赤線地帯』（谷口千吉監督）が米軍基地を批判的に取り上げているという批判が在京の米国人からなされ、公開延期となった。これに慌てた松竹の城戸四郎が、B・C級戦犯裁判の杜撰さ（取り調べに於ける暴行場面もある）にも触れた『壁厚き部屋』が占領軍（法的には在日米軍、後述）批判ととられることを怖れ、自発的に公開延期とした。それでも、『赤線地帯』の公開延期は3ヶ月であったが、『壁あつき部屋』の公開延期は3年の長きに及んだ。この時期、木下恵介監督の『二十四の瞳』も反戦的な傾向があるとして、制作が無期延期された。1952年4月28日、サンフランシスコ講和条約が発効し、日本は独立を回復したはずであったが、同講和条約第3条による沖縄の切り捨て、日米安保条約による米軍駐留の（占領軍→在日米軍）継続等、実態は米国による占領状態が続いていた。

作家高見順の『敗戦日記』、1945年9月30日は以下のように書く。

［昨日の新聞が発禁になったが、マッカーサー司令部がその発禁に対して解除命令を出した。そうして新聞並びに言論の自由に対する新措置の指令を下した。これでもう何でも自由に書けるのである！　これでもう何でも自由に出版できるのである！　生れて初めての自由！

自国の政府により当然国民に与えられるべきであった自由が与えられずに、自国を占領した他国の軍隊によって初めて自由が与えられるとは―かえりみて羞恥の感なきを得ない。日本を愛する者として、日本のために恥ずかしい。戦に敗け、占領軍が入ってきたので、自由が束縛されたというのなら分かるが、逆に自由を保障されたのである。なんという恥ずかしいことだろう。自国の政府が自国民の自由を―ほとんどあらゆる自由をはく奪していて、そうして占領軍の通達があるまで、その剥奪を解こうとしなかったとは、なんという恥ずかしいことだろう。

産報が解散した。皇国勤労観の名の下に、労働階級に軍部、資本家の奴隷たることを強要した産報」。

しかし、同年10月3日には以下のようにも書く。

［東洋経済新報が没収になった。

これで幾らか先日の「恥ずかしさ」が帳消しの感あり。アメリカが我々に与えてくれた自由は、アメリカに対しては通用しないということもわかった。安南独立の抑圧に日本軍も参加協力を命ぜられている。嗚呼、敗戦国の悲しさ。かかる場合の「拒否の自由」は奪われているのだ」

米国による占領状態は、米軍基地の重圧に苦しむ沖縄の現状等、今なお続いている。

君は『虹色のトロツキー』を見たか

『原点 THE ORIGIN 戦争を描く、人間を描く』（安彦良和）を読む

武蔵野線を2駅も乗り過ごす面白さ

『原点 THE ORIGIN 戦争を描く、人間を描く』（岩波書店、以下『原点』）が送られて来た。

恥ずかしながら、私は、同世代にもかかわらず、著者の安彦良和氏を全く知らなかった。漫画に関心がないわけではない。私にとっての漫画とは幼い頃からの手塚治虫、千葉てつや、横山光輝であり、成人してからは白土三平、水木しげる、つげ義治、永島慎二、真崎守らであったからだ。ガンダムも子どもたちは見ていたかもしれないが、子育てに全く参加していなかった（と言われている）私には無縁だった。正直言って、岩波がガンダムの作者の本を？　と驚いた。

だから「書評をお願いいたします」と言われても、戸惑うばかりだった。しかし、この本で「狂言回し」の役割を果たしている東奥日報敏腕記者、斉藤光政氏は数年前（2013年）、偶々、青森駅ビルの書店で手にした同氏の著書『偽書「東日流《つがる》外三郡誌」事件』（新人物文庫）を実に面白く読んだこと、また、軍事問題評論家の前田哲男氏、ルポライターの鎌田慧氏ら共通の友人、知人がいたこと、2014年6月30日、大館市における中国人強制連行・強制労働花岡事件の慰霊

祭（毎年6月30日）終了後、前田、鎌田、藤本（平和フォーラム）氏らと共に斉藤氏を訪れたこともあり、かねてより三沢の米軍基地ウオッチャー等、氏のお仕事には興味、敬意を表していたから、この際、「ガンダム」についての知識も仕入れ、雑学としての「芸域」を広げ、孫に伝授してやれば「良き父親」になれなかったが、「良き祖父」にはなれるかもしれないと思って読み始めた。

読み始めると、意外に面白い。アニメ界の「巨匠」と呼ばれたという安彦氏と、敗戦の年に生まれた私とは2年ほどの年の差はあるが、共に、あの「過ち多き時代を」を生きた、ほぼ同世代人。ついつい「うん、うん、同じだったなあ」、「うーん、ここはちょっと違うなあ」等々と、しっかりはまり込み、電車を乗り過ごしそうになったこともしばしば。南浦和乗換、大宮乗車の東北新幹線での旅の際には、武蔵野線を2駅も乗り過ごして慌てたこともあった。

安彦氏の述懐にも味があるが、「狂言回し」としての斉藤さんの「時代」についての解説、補足がこの本を読み易くしている。

過ち多き時代

60年安保と70年安保は、同質ではない。後者が尖鋭な社会変革を目ざしたものであったのに対し、前者は安保強行採決に抗議した民主主義を守れと云う闘いであった。60年安保から半世紀余を経過した2015年前後の国会前における安保法制を巡る立憲主義を守れという闘争も、運動の担い手、運動の質においても、60年安保と同質であったと云うのは安彦、斉藤両氏の指摘するとおりである。

シールズの集会に参加した上野千鶴子氏が「60年安保では学生たちは大学当局と共闘したが、70年安保では対立した。今、私たちは『シールズ』の諸君たちと共闘している。生きていてよかった」と演説しているのを、「そうだったよなー」とほろ苦い想いで聞いたこともあった。

しかし「民主主義ってなんだ！」、「立憲主義ってなんだ！」という問いかけに「これだ！」とラップ調で応じている若者たちを見ていると、心の片隅のどこかで《若者たちが、こんなに持ち上げられていていいのかなあ。俺たちの頃は「暴力学生」と嫌われ、怖れられていたものだが》などとひがみ根性が生じたこともあった。

安彦氏や私たち、いわゆる「全共闘世代」が担った70年安保というのは何であったのだろうかとも思う。ベトナム反戦等、普遍的課題を有していた70年安保の終末は、党派による活動家の囲い込み、党派闘争から、内ゲバそして内内ゲバとしての隊内処刑等、惨憺たるものだった。

「正義」のある戦争状態より、「不正義」であっても平和の方が良い

安彦氏が以下のように書いているのにも共感する。

「１９７０年代の、カンボジアでのポル・ポトの虐殺も構造は同じだ。血の一滴も通わない毛沢東原理主義が推定２００百万人もの、生きた人の血を吸い尽したのだ。

その、極小のミニチュア版が3年前の日本では起こっていた。弘前大学全共闘（準）の仲間だっ

た、青砥・植垣両君も関与した『連合赤軍・リンチ殺人事件』だった。

青砥君は当時の心境について、僕の訊き取りに対して『ひたすら、はやく終わってほしいと思っていた』と応え、植垣君は別の所で『自分達が革命を成功させていればポル・ポトになっていた』と述懐している。

これらの言葉の意味は、とても重い。

日本の左翼運動史において重いだけでなく、世界の社会主義運動史全体の規模でみてもたぶん、重い」と、述懐しているのは、その通りだと思う。また、安彦氏の青砥氏からの訊き取りに同席した斉藤氏が、

「われわれの親の世代は戦争に行ってたくさん死にました。『そういう時代を再来させてはいけない』ということで、われわれは『こういう社会を変えなきゃだめだ』と考え、行動しました。しかし、そういう価値観に共産主義がダブってしまった。時代の不幸だと思います」と。

そんな青砥氏に安彦氏は語りかけた。

「すごく甘ったるい言い方になるけど、憎しみをバネにした革命の時代は終わったということ。そういう革命は人を幸せにしない。全共闘運動が求めた心情はそれじゃなかったと思うんだよ。われわれは『ウソの平和』をたたくことで『革命の混乱』を望んだけど、その後の状況を見ていると、ある程度問題があっても平穏のほうがいいと思えてくる。憎しみを増やす革命よりもね」

対立する階級を憎む気持ちをバネにする革命は、憎しみを増幅させるだけで、人をけっして幸

せにしないと書いているのにも共感する。

「正義」のある戦争状態より、「不正義」であっても平和の方が良い。「クリーンな鷹よりもダーティーな鳩」と云うのであろうか。今日の中東の「不幸」を思うとき、このようにも考えてしまう。

改良闘争から出口なき大学解体、革命闘争への移行

東大闘争に先立つ早大闘争が1966年、機動隊の導入、日共系学生と一般学生によるストライキ解除によって敗北した時、「こんな学校、ぶっ潰してやれなくて悔しい」と心底思った。「浅はか」だった。「傲慢」だった。

医学部の不当処分を契機とした東大闘争にしても「改良」闘争の枠内ならば、「成功」し得たはずであった。だが、いつしか闘争は大学解体、革命闘争へと様変わりをしてしまった。となると最早出口はなかった。「われわれは『こういう社会を変えなきゃだめだ』と考え行動しました。しかし、そういう価値観に共産主義がダブってしまった。時代の不幸だと思います」と述懐する青砥氏の云う通りだ。

同じベトナム反戦運動を闘った欧州の学生運動の担い手たちが、フランス社会党、西ドイツ(当時)社会民主党の運動などに参加し(西ドイツでは父、祖父たちのナチとのかかわりを追及する運動の契機ともなった)、やがては政権を担うようになったのに比べ、私たちは本当に「過ち多き時代」を過ごしたと思う。

過ち多き時代ではあったが、「権力との距離感」だけは学んだ。体を鍛えるべき時に鍛えないと体を鍛えることができないように、感性を鍛えるにも、鍛える「時」がある。私は、この「過ち多き時代を」２度と体験したくはない。しかし、この時代がなければ、今の自分も無いと云うのも真実だ。私たちはこの「過ち多き時代」を抱きしめながら、「一途」であったそんな時代をいとおしく思いながら生きて来た【註1】。

それにしても、「造反有理」という言葉が、なんと魅力的であったことか。「連帯を求めて孤立をおそれず。力及ばずして斃れることを辞さないが、力尽くさずして挫けることを拒否する」という東大闘争の中で生まれてきた言葉も魅力的だった。この言葉は美しい。だが無責任だ。持続的な運動こそが大切だ、今、この年（72歳）になって、それが分かる。

東アジア反日武装戦線の諸君との出会い

ベトナム反戦を契機に大きく拡がった私達の運動に何故、アジアの民衆に対する加害の意識が欠如していたのか。私達がこの欠如に気付くのは70年代に入り、在日華僑の青年たちが組織したグループ『華青闘』に、日本人のアジアの民衆に対する戦争責任は果たされていないと『血債』を突き付けられてからだ。日本人として最初にこの問題を提起したのは三菱重工爆破などの爆弾闘争を展開した東アジア反日武装戦線の諸君達だった。

安彦氏がアニメが好きだったわけでなく、「これなら俺にもやれるかな」と「食うために」アニメの世界に入っていたように、私も食うために司法試験の途に流れ込んだ（安彦氏の場合と違い「これなら俺にもやれるかな」と思ったと云う訳ではないが）。弁護士という仕事に「魅力」を感じたわけではない。何とか合格した後も、あまり気のりせず、司法研修所に入るのも1年先に延ばそうとも考えたが、友人から、「1年たてば、やる気が起こるのか」と言われ、それもそうだなと思い司法研修所入った。2年後に卒業した時も、弁護士という仕事に向いているのかなどと悩んだりした。そんな時、裁判官をしている先輩から「贅沢を言うな」と一括され少し変わり始めた。

そして弁護士登録1年目、東アジア反日武装戦線「狼」、「サソリ」、「大地の牙」の諸君と遭遇することによって彼らの弁護活動にのめり込むことになった。のめり込むと云っても、彼らの行為を是認したわけではない。8人の死者と多くの負傷者を生み出した三菱重工爆破は許されない行為だ。爆弾闘争は誤りだが、彼らがそこで日本社会に突き付けた、日本のアジアに対する戦争責任の未清算という問題は正しかった。主犯格の大道寺将司氏らが、「三菱重工爆破は誤りであった。本来味方にしなければならない人々を殺してしまった。これは予告電話がどうのこうのという技術的な問題でなく、我々の『反日思想』の中に問題があった」と自己批判したので、同世代人（大道寺氏は安彦氏と同じ1947年生まれ）として弁護活動から逃げるわけにはいかなかった。

その延長上で弁護士として、中国人強制連行・強制労働問題などのいわゆる戦後補償問題、天皇制問題、靖国問題、安保法制問題等々に関与することになってしまった。偶然と必然の絡み合わせで、学生時代に想像していた姿とは違った姿で身すぎ世すぎをすることになってしまったのは安彦氏の場合と同じであった。あの時代を生きた多くの人々がそうして生きて来た。司法試験を受けることにした時、友人から「俺はお前と同じ被告席に立つことはあっても、弁護人としてのお前と同席することはない」という生硬な「訣別状」が来た。

司法試験に入り込み、六法全書を開いて、民法、刑法がカタカナ（当時）で書かれているのを見て驚いたことがあった。《えっ、こんなことをやるのか！》と。そんな、生活の中で、堀田善衛の『若き日の詩人たちの肖像』と、白土三平、永島慎二らの漫画と浅川マキの歌が息抜きだった。浅川マキの「かもめ」などは、何度も挑戦してみたがうまく歌えなかった。真崎守の漫画には浅川マキの歌がよく使われていた。当時よく歌ったのは「唐獅子牡丹」。「つもり重ねた不幸の数を なんと詫びようか おふくろに」に涙し、「やがて夜明けの 来るそれまでは 意地で支える夢1つ」は、コブシを聞かせてうなった。

司法試験は、人格一切関係なし、有罪判決を受けていても執行猶予が解ければOK、こんな試験は他にはなく、生き場のなくなった元「活動家」がなだれ込んだ【註2】。事務所の同僚のYも安田講堂籠城有罪判決組。試験合格後、司法研修所に入所するに際しては2年間も待たされた。私も入所に際しては他の人とは異なり、なかなか通知が来ず、最高裁に本当に合格しているのかと聞きに行ったが、「ちょっと、待ってくれ」というだけで、要領を得なかった。その後も、司法試験委員の西原春夫教授（刑事訴訟法、後、早大総長）を介して【註3】、問い合わせなどをして、結局、年度末ギリギリの3月30日になって連絡があり最高裁に呼び出され、まじめに勉強しますと「誓約」させられた。3年ほど前、大阪弁護士会からの推薦で最高裁判事に就任したK弁護士も私の同僚Yの仲間で、安田講堂籠城有罪組。本来判事になりたかったのだが、「前歴」故に弁護士となっていた人物だった（このような経歴を有していることを承知の上で、K弁護士を最高裁判事に推薦した大阪弁護士会の見識に敬意を表する）。

『原点』には、安彦氏の弘前大学全共闘の仲間3人が、「取材」のために安田講堂に入ったところ、偶々その時に機動隊が導入されたため出られなくなってしまい、覚悟を決めて籠城して闘い、負傷・逮捕・起訴・有罪となったということが書かれているが、当時、似たようなケースはいっぱいあったのではないか。

私も、67年秋の佐藤首相訪米阻止羽田闘争【註4】の際に、ちょっと「危なかったな」と回想するような行為を「させられた」ことがあったが、闘いは生きもの、そのような場面に遭遇した場合には、やるしかない。「今日は、ちょっと腹の具合が……」などということは通用しない世界なのだ。

話がそれたようだ。ついつい、「兇状持ち」だったと「啖呵」を切る？　安彦氏に対抗心を燃やしてしまったようだ（笑）。

創氏改名、文化の破壊をした植民地支配

『原点』の後半「世界をリアルに見る」で語られている、ブッシュ米大統領の「イラク戦争」

がもたらした、中東世界の混乱→世界にテロが拡散などの指摘はそのとおりだ。ハルピン駅頭で伊藤博文を暗殺した安重根氏についての言及も興味深く読んだ。元外務官僚の外交評論家の岡本行夫氏が安重根氏について、「ケネディー米大統領を銃撃したオズワルドと同じ暗殺者だ」と述べていること、他方韓国では「朝鮮独立運動につながる抗日義士」とされていることについて、安彦氏は「でも、私はどちらも違うと思うんです。安は短気でそそっかしいごく普通の人。普通の人が熱情に駆られ、伊藤を日韓併合の元凶と断じて撃ってしまう。そんな彼の行動の根底にはアジア主義があったことを見落としてはいけないと思います」と述べている処は、そのとおりなのだが、私に言わせればどちらも「正しい」ということにもなる。

日韓の関係について安彦氏が、「日本が、仮にも文明国である韓国を植民地にするのは、歴史的背景からいって、文化の国であることを誇りにするフランスをドイツが植民地にするようなものです。そういう例はテリトリーゲーム発祥の欧州にさえないわけだから、当然無理があるわけで、結局は互いのプライドを傷つけあってしまう。現在、日韓で水掛け論になっている歴史認識や慰安婦問題の根っこにあるのもすべてそれ。良かったか悪かったかではなく、そもそも韓国を植民地統治したことが間違っていたのだと思います」と述べているところも、「良かったか悪かったかではなく」という点を除いては、全く同感だ。ドイツもフランスを占領したが、「創氏改名」や文化の破壊はしなかったし、占領期間も「36年間」という長いものではなかった。

日中共同声明

日中関係について述べているところも全く同感だ。

私は今、ボケ防止を兼ねて毎日、1972年9月29日に発せられた日中共同声明を暗唱している。同声明の中で一番好きな箇所は、前文中の「日中両国は、一衣帯水の間にある隣国であり、長い伝統的友好の歴史を有する。両国国民は、両国間にこれまで存在していた不正常な状態に終止符を打つことを切望している」、「両国間の国交を正常化し、相互に善隣友好関係を発展させることは、両国国民の利益に合致するところであり、また、アジアにおける緊張緩和と世界の平和に貢献するものである」だ。そして留意しなければならないところは「日本側は過去において、日本国が戦争を通じて、中国国民に重大な損害を与えたことについての責任を痛感し、深く反省する」だ。本文で留意する処は、紛争の平和的解決を謳った第6項、反覇権主義を謳った第7項だ。これ等の条項は中国側も留意すべきだ。

1972年9月25日、日中国交正常化のために北京を訪れた田中角栄首相が周恩来総理にはじめて会ったとき、「私は、長い民間交流のレールの上に乗って、本日、ようやくここに来ることが出来ました」と述べたというのも感動的だ。

本書「ふたたび『社会』をみつめて」で語られている、歴史認識、現状分析についても全く同

感だ。安彦氏が日本の若者が「近・現代史」を知らな過ぎると嘆かれているのはその通りだ。日本の学校教育では「近・現代史」が全くといってよいほど教えられていない。逆に、韓国、中国では、「近・現代史」が過剰なくらい教えられている。このギャップをどう埋めるのかが問題だ。被害の歴史を伝えることは比較的容易だが、加害の歴史を伝えることは本当に難しいものがある。

ところで、本書を読んで、とりわけ前記2章を読んで、氏の歴史認識が氏の仕事にどのように反映されているか確認したくなった。とは言っても「ガンダム」はどうも、ということで氏の作品『ナムジ　大國主』(全5巻)、『虹色のトロツキー』(全8巻)、『王道の狗』(全6巻)、『天の血脈』(全8巻)などを、古本屋から取り寄せた。これから読む(見る)のが楽しみだ。

それにしても、敗戦から72年、米国に、まさかのトランプ大統領、それに卑屈なまでに追従をする安倍政権、「教育勅語」も教材としてOKだとの閣議決定による答弁書。毎日が「ポスト・トゥルース(脱真実)」、「4月1日《エイプリルフール》」だ。どうして、こんなとんでもない時代になってしまったのだろうか。

追記

浴田由紀子氏の出獄

明日(2017年3月23日)早朝、東アジア反日武装戦線「大地の牙」の浴田由紀子氏が懲役20年の服役を終え出獄する。1975年5月逮捕、逮捕直後に共犯の夫齋藤和《のどか》氏はかねて用意してあった青酸カリで自決。彼女は青酸カリの所持を発見され自決できず。同年9月から公判開始。

1977年秋、ダッカのハイジャックで超法規的措置で釈放、アラブへ。出獄直前、私は東京拘置所で彼女と最後の面談をし、大道寺将司氏からの「元気で」というメッセージを伝えた。その18年後の1995年、ルーマニアで秘密警察に逮捕され日本に強制送還、警視庁の接見室で接見した際に私が彼女に最初に伝えたことは、「爆弾闘争というのは誤りだった。しかし、君たちが、あの闘争によって伝えようとした、『日本の戦争責任問題の未決着』については、今日、日本社会で語られるようになった。君たちの問題提起自体は正しかった」ということであった。

この年8月15日、「植民地支配と侵略によって、多くの国々、とりわけ、アジア諸国の人々に対し、多大な損害と苦痛を与え」たことについて「痛切な反省」と「心からのお詫び」を表明した閣議決定を経た村山首相談話がなされた。

裁判が再開され、20年前に懲役20年が確定、服役。出獄直前、東京拘置所で最後の面会をした。大道寺将司氏からの「元気で」というメッセージ伝えた。彼女が出獄するまでは弁護士を続けていると約束したが、もうその日が来た。明日、再会。

『虹色のトロツキー』を見る

『虹色のトロツキー』（潮出版）全8巻を一気に見た、読んだ。安彦良和氏はやはり「巨匠」だった。

時代は、1931年「満州事変」から、関東軍が機械化されたモ

ンゴル・ソ連軍に惨敗した1935年のノモンハン事変まで。主人公は日本人の父、モンゴル人の母との間に生まれた、若き「建国大生」ウムボルト。舞台回しとして関東軍参謀辻正信、他に同参謀副長石原莞爾、大杉栄を惨殺した元憲兵大尉甘粕和彦、東洋のマタハリ川島芳子、抗日義軍、馬賊等々とくれば、何やら謀略めいた、あるいは『夕陽と拳銃』（壇一雄）類似の物語と云うことになるが（事実そういうところもあるが）しっかりとした歴史認識に支えられ、読み応えがあった。「満蒙は日本の生命線」という虚構の実情が実にわかりやすく描かれている。巻末ごとに、学者、専門家らによる解説、あるいは登場人物の遺族の述懐もあり、大変勉強になった。友人達に本書を紹介したところ、注文する者が続出している。

この漫画をテキストとして、日本の近・現代史の勉強会をするといいかもしれない。

「貴君の紹介があった『虹色のトロツキー』が面白かったので、高校の友人に回し読みをしました。9日にはその4人で読後感想会のお茶をします。戦前の満州との関わりがある日本人は膨大な数ですね。何らかの関係で満州への関心をみな持っているように思いました。『時期』がくると本は読めますよね」

友人の庭山正一郎弁護士からのメールの一節だ。浅利演出事務所の顧問をしている彼からは、この夏、ミュージカル『李香蘭』に招待された。『李香蘭』を観て、観客の圧倒的多数が若い女性であることに驚いた。

日本の中国大陸侵略史の中で「日華宥和」のシンボルとして日本軍に翻弄された中国人（実は日本人）歌手・女優の物語という重いテーマだが、テンポの速いミュージカル仕立てなので観やすいものとなっていた。劇中で語られる「以徳報怨」、右派の人々が蒋介石に対する恩義を感じ、それが日中国交正常化のブレーキとなったという面もあった。

物語の末尾、上海軍事法廷漢奸裁判の場面では、日中共同声明前文の末尾、

「両国間の国交を正常化し、相互に善隣友好関係を発展させることは、両国国民の利益に合致するところであり、またアジアにおける緊張緩和と世界の平和に貢献するものである」を反芻しながら聞いていた。

うろ覚えの記憶だが、浅利慶太氏は中曽根のブレーンで、私とは波長の違う人だと思っていた。然し、『李香蘭』を観て、少なくとも日中の近、現代史については、しっかりとした歴史観の持ち主であることが分かった。

「浅利さんの評価も時代の変化によって変わって来ているのが面白いですね。『朝日新聞』がもちあげる分、嫌いになっている人もいるでしょう。でも勲章を拒否したり、反骨の人と思います」と庭山弁護士。

それにしてもこのミュージカルの初演が１９９１年で27年にわたり８００回以上も公演されているのには驚いた。若い人々がこういうミュージカルを観て、色々考える機会持つということは本当に大切なことだと思う。

【註1】「巣鴨の独居に居住した経験は、ひそかに誇りに思っています」、今年80歳になる老弁護士が森友学園問題等世上騒々しい出来事に苦言を呈し、「日本全部がつぶされないようにするまでのことをする体力はありません。オレは、つぶされないよ、の部分で抵抗するつもりです」と書いてきたメールの末尾に伏されていた一文です。彼は60年安保当時の全学連中執。逮捕、起訴、有罪、後、弁護士となった。当時、東京拘置所は巣鴨にあり、1970年に小菅に移った。

【註2】当時は、ロースクールはもちろんのこと、司法試験塾も無く、小学校の警備員をしながらの独学で合格できた。小学校の警備員も今のような外注でなく、区役所の職員で自活でき、いい時代であった。

【註3】数年前、日中の現状を民間の力で何とか打開しようという会合で、西原春夫教授にお会いしたことがあった。「先生は、覚えておられないでしょうが、昔……」とご挨拶をしたところ。「あの頃はそういう奴がいっぱいいたよ」と笑っておられた。

【註4】この前月10月8日、佐藤首相の南ベトナム訪問阻止羽田闘争で、京大生山崎博昭君が羽田弁天橋で、亡くなった。この訪米阻止闘争では、混戦の中で「おーい、そこの〈ヘイタイ〉3人ちょっと来い……」と呼ばれ、3人で丸太棒を抱え、機動隊の隊列に向けて突っ込ませられた。また、機動隊側から飛んできた石で私の被っていたヘルメットが割れたこともあった。訪米した佐藤首相は、ワシントンで沖縄復帰は米軍の基地使用に何らの支障をもたらさないと演説した。この演説が、米軍基地沖縄の中にある沖縄の現状を固定化した。

Ⅱ　憲法

戦後が若かった頃に思いを馳せよう

「安倍改憲」とどう闘うか

安倍首相自身が、閣議決定による集団的自衛権行使容認は憲法第9条の改変だと認識していた

2017年10月12日付け『毎日新聞』朝刊に興味深い記事があった。

1つは、2016年8月31日、安倍首相がジャーナリストの田原総一朗氏と面談した際、田原氏から「いよいよ憲法改正ですね」と水を向けられ、安倍首相が「大きな声では言えませんが、改憲する必要はなくなったんです」と答え、日本が「集団的自衛権を行使出来ないから日米同盟がうまくいかない」と米国が不満を示していたが、2015年9月19日、集団的自衛権行使を容認する安保関連法が成立したことによって「米国は何も言わなくなった。満足したのだ」と解説したというもの。いま1つは、2000年11月30日、衆議院憲法調査会での参考人、石原慎太郎都知事（当時）の「（占領下で作られた憲法は無効だ）憲法改正の必要はない。国会の多数決で憲法廃止決議をすればいい」という発言に、小池百合子議員（当時）が「賛同を表明した」とするものである。

2014年7月1日の安倍内閣の閣議決定による集団的自衛権の行使容認は、内閣法制局長官の首をすげ替えるという禁じ手を使い、それまで集団的自衛権行使は憲法上許されないとしてき

た内閣法制局見解を変更させ、国会閉会中に閣議決定によって、専守防衛というこの国の安全保障政策を根底から覆してしまったものであった。これを受けての翌2015年9月19日未明の安保法制の強行採決と相まって、憲法破壊行為である。

この一連の流れが後述する2000年10月に発せられた第1次アーミテージリポート以来の米国の改憲要求の延長上にあることは多くの識者が指摘するところであったが、安倍首相の田原氏に対する「実は、安保法制の成立で憲法改正の必要性がなくなった」という述懐は、そのことを裏付けるものであり、同時に安倍首相自身が、集団的自衛権行使容認の閣議決定が憲法上如何なる意味、すなわち9条破壊と云う意味を持つものであるかを十二分に認識していたことを示している【註1】。2015年4月、訪米した安倍首相が、まだ日本での国会審議が始まっていなかったにもかかわらず、夏までに安保法制を成立させると米政権に大見得を切ったのはまだ記憶に新しい。そう考えると、唐突に出てきた感もある9条2項を残したままで、自衛隊合憲を9条に書き込もうという「安倍改憲」の狙いがどこにあるかも理解できる。安倍首相は自衛隊の存在を9条に書き込んでも自衛隊の任務、権限に変わりはないと国会答弁している。この答弁はある意味で正しい。この間の集団的自衛権行使容認・安保法制により、既に自衛隊の任務、権限に決定的な変化を生じている。安倍首相の答弁はそのことを前提としたうえでのものである。しかし、この重要な事実が国民には十分に説明されていない。自衛隊の「存在」と「任務・権限」の区別を曖昧にした上での目くらましである。この自衛隊の任務、権限の「決定的な変化」は閣議決定と安保法の強行採決、「法の下剋上」による憲法違反の行為によってなされた。自衛隊の存在を9条に書き込む狙いは、この憲法違反の「法の下剋上」の追認にある。

後者の記事について、当時この調査会を傍聴していた私は、この時のことは（前日の2000年11月29日、東京高裁〔新村正人裁判長〕で、中国人強制連行・強制労働、花岡事件について、受難者・遺族らと加害企業鹿島建設との間で和解が成立した歴史的な日であったため）鮮明に覚えている。

石原発言に驚いた私は、即座に「憲法は国会にそのような決議をする権限を認めていないぞ！」と喉元まで声が出かかった。この石原発言は国会の多数派に憲法破壊のクーデターを教唆するものだと思ったからだ。更に驚いたことには、その時出席していた委員のうち誰ひとりとして、そのことについて石原氏に指摘し、たしなめることをしなかった。この日の出来事について私は機会あるごとに指摘し、発言してきた。

2014年の閣議決定による集団的自衛権行使容認・安保法制の強行採決は、前記石原の暴論の上を行く暴挙の憲法第9条の実質的な改変であり、法の下剋上である。憲法学の石川健治東大教授は、この暴挙を「クーデター」だと警鐘を鳴らした。

元自衛艦隊司令官、元海将の香田洋二氏は、2017年8月23日付け『朝日新聞』「オピニオン＆フォーラム」で安保法制の成立により、日米の連携が強まり、抑止力を高める効果があるとして、以下のように語っている。

「2001年の米国同時多発テロの直後です。空母キティホークが横須賀から東京湾外に出る必要が生じた。途中の浦賀水道は羽田空港の南20キロ。狭くて自由な運動が出来ない。乗っ取られた民間機に狙われたらたまらない。米政府は、外務省を通じ『日本も出来る限りの支援を』と要請してきた。空自は早期警戒管制機を飛ばし、海自は護衛艦2隻を日本の領海を出るまで随行させると決め、大臣の了解を得た。困ったのは根拠法です。実体は自衛艦による米空母の疑似護衛でした。護衛は『日米共同行動』に当たる可能性がある。当時、憲法は集団的自衛権の行使を禁じていると解釈されており、『日米共同行動』は日本有事でないと、実行できなかった。あらゆる知恵を絞り、防衛庁設置法5条18項の『所管事務の遂行に必要な調査及び研究』という規定を援用しました。本来は自衛官による情報収集活動などを規定したもので、部隊運用を規定したとは考えにくい。ぎりぎりの解釈でした」

日米安保条約には「自国の憲法上の規定にしたがって」という制約が課されている（第3、5条）。2015年9月15日未明、強行採決により「成立」した安保法制は、集団的自衛権行使容認し、日米安保条約を憲法上の制約から解き放つものである。

内閣法制局の見解を変えさせた「禁じ手」

前述したように安倍首相は、内閣法制局の《後任長官は次長を昇格させ、次長は第一部長から昇格させる》というこれまでの慣例（時の政権との距離感を保つという意味において合理性があった）を破り、内閣法制局勤務の経験のない外務官僚の小松一郎（第一次安倍内閣において、従来からの集団的自衛権行使は憲法上不可という見解の見直しを提言した「有識者懇談会」の取りまとめ役を担当）を内閣法制局長官にもって来た。法制局長官の首をすげ替えるという「禁じ手」を使って、前記法制局の見解を変え、集団的自衛権行使容認の途を拓いたのである。

憲法上、集団的自衛権行使が許されるか否かについて、1972年（昭和47）の政府見解では以下のように述べていた。

「国際法上、国家はいわゆる集団的自衛権、すなわち、自国と密接な関係にある外国に対する武力攻撃を、自国が直接攻撃されていないにかかわらず、実力をもって阻止することが正当化されるという地位を有しているものとされており、国際連合憲章第51条、日本国との平和条約第5条(C)、日本国とアメリカ合衆国との間の相互協力及び安全保障条約前文並びに日本国とソビエト社会主義共和国連邦との共同宣言3の第2段の規定は、この国際法の原則を宣明したものと思われる。そして、わが国が国際法上右の集団的自衛権を有していることは、主権国家である以上、当然といわなければならない。

ところで政府は、従来から一貫して、わが国は国際法上いわゆる集団的自衛権を有しているとしても、国権の発動としてこれを行使することは、憲法の容認する自衛の措置の限界をこえるものであって許されないとの立場にたっているが、これは次のような考え方に基づくものである。

憲法は、第9条において、同条に戦争を放棄し、いわゆる戦力の保持を禁止しているが、前文において「全世界の国民が……平和のうちに生存する権利を有する」ことを確認し、また、第13条において「生命、自由及び幸福追求に対する国民の権利については、……国政の上で、最大の尊重を必要とする」旨を定めていることからも、わが国がみずからの存立を全うし国民が平和のうちに生存することまでも放棄していないことは明らかであって、自国の平和と安全を維持しその存立を全うするために必要な自衛の措置をとることを禁じているとはとうてい解されない。しかしながら、だからといって、平和主義をその基本原則とする憲法が、右にいう自衛のための措置を無制限に認めているとは解されないのであって、それは、あくまで外国の武力攻撃によって国民の生命、自由及び幸福追求の権利が根底からくつがえされるという急迫、不正の事態に対処し、国民のこれらの権利を守るための止《や》むを得ない措置としてはじめて容認されるものであるから、その措置は右の事態を排除するためとられるべき必要最小限度の範囲にとどまるべきものである。そうだとすれば、わが憲法の下で武力行使を行うことが許されるのは、わが国に対する急迫、不正の侵害に対処する場合に限られるのであって、したがって、他国に加えられた武力攻撃を阻止することをその内容とするいわゆる集団的自衛権の行使は、憲法上許されないといわざるを得ない」

ところが、安倍首相が「禁じ手」を使って「改組」させた内閣法制局は、「(自衛の措置は)外国の武力攻撃によって国民の生命、自由及び幸福追求の権利が根底からくつがえされるという急迫、不正の事態に対処し、国民のこれらの権利を守るための止《や》むを得ない措置としてはじめて容認されるものである」とあるフレーズに云う「外国の武力攻撃」の対象は当然日本国に対するものであることが前提とされていたにもかかわらず、これを「わが国と密接な関係にある他国に対する武力攻撃」が発生し、これにより、わが国の「存立が脅かされ」、「国民の生命、自由及び幸福追求の権利が根底から覆される明白な危険」がある場合には、「自衛の措置」(集団的自衛権行使)が許されると、集団的自衛権行使に関してこれまで積み上げてきた法制局の見解をいとも簡単に変更してしまった。

このような手法について、元内閣法制局長官、元最高裁長官を含め多くの法律家、学者・研究者らから批判の声が上がったのは当然のことであった。

アーミテージリポート

安倍政権をして、「禁じ手」を使ってまで、閣議決定によって専守防衛というこれまでのこの国の安全保障政策の根幹を変え、集団的自衛権行使容認→安保法制の強行採決をさせたものは何であろうか。

話は十数年前に遡る。2000年10月、日米同盟についての報告『米国と日本……成熟したパートナーシップへ』（米国防衛大学・国家戦略研究所・アーミテージリポート）が発表された。後に、ブッシュ政権の国務副長官に就任したリチャード・アーミテージ氏らによってまとめられたものである。同報告書は、まず「次の一世代のあいだに、ヨーロッパで大戦争が起きることは考えられない。しかし、アジアにおける紛争の可能性は十分に考えられる。この地域は世界最大で最新の軍隊のいくつかが存在し、核保有した大国がおり、核能力を持った国が数ヵ国存在することが特徴である。大型紛争で米国が直接関係するような敵対関係が、瞬時の予告で朝鮮半島に、そして台湾海峡に発生する可能性がある。インド亜大陸は主要な発火点である。それぞれの地域において、戦争は核戦争にエスカレートする可能性がある。加えて、長びくインドネシア（世界で4番目の大国）の混乱は東南アジアの安定を脅かしている」と欧州とは異なり、アジアが不安定であると情勢分析をした上で、日米同盟について、「世界第2位の経済大国であり、優秀な装備の強力な軍隊をもち、わが民主陣営同盟国である日本はひき続いて米国のアジア関与のための要石である。日米同盟は米国の世界的安全保障戦略の中心にある」とし、そのためには集団的自衛権行使を認めないとする日本政府の見解を改める必要があるとして、「日本の集団自衛の禁止は同盟国としての協力に制約となっている。この制約を除去することによって、より緊密で効率の高い防衛協力が可能になるであろう」と述べる（梅林宏道「変わる米戦略と沖縄」『軍縮問題資料』２００1年7月号）。

そして、ブッシュ政権に近い筋からも、「日米同盟はソ連に代わって、今は北朝鮮や中国が軍事的冒険に出る誘惑を断つことで抑止力として働いている。だが、日本は集団的自衛権を行使できず、危険になったら『後方地域』からも逃げ出すという説明を北朝鮮や中国が信じたら、その結果は深刻なものとなる。中国が軍事演習で台湾を威嚇した96年の台湾海峡危機では、米国は空母部隊を派遣した。もし日本の自衛隊の護衛艦が米空母インディペンデンスと一緒に行動していたなら、中国は激しく抗議しただろうが、同時に敬意も払っただろう。米国が日本に求めているのは攻撃力ではなく『柔軟な防衛力』なのだ。現在の日本は人為的な解釈に縛られて『柔軟性を欠いた防衛力』しか行使していない」「日本の自衛隊はＰ３Ｃ対潜哨戒機、Ｆ15戦闘機、イージス艦といったハイテク兵器をもっている。これらは『後方地域支援』に使われるべき装備ではない。日本の防衛を『日本周辺』と地域的に限定するのは無理がある。台湾海峡でも中東でも、米国はその時々の状況を考えて、国益を守るために何が必要かを判断する。それは日本も同じだ。そのうえで日米両国の防衛に必要だと判断したら、協力していく必要がある」（ジェームズ・アワー・米バンダービルド大学・公共政策研究所日米研究協力センター所長、元米国防総省日本部長、『朝日新聞』２００1年6月15日付「私の視点」）

さらに「日本は世界でも有数の海軍力を保持しているが、自国の通商利益を守る点では、極めて限定的な役割しか果していない。東アジアの戦略バランスを形成するうえでも、米軍の発進基地として以外は存在しないに等しい」「日本と米国は、東南アジア、南シナ海での共通の国益を確認し、それを守る共同戦略を練り上げる必要がある。作業が本格化すれば、日本は集団的自衛権の問題に果断に取り組む必要が出てくるだろう。まずは同盟に新たな意義と方向性を与える戦略協議から始めるべきだ」（マービン・オット・米国立戦争大学教授、『朝日新聞』２００１年8月30日「私の視点」）等々の声が聞こえてくる。

これらの発言は、いずれも２００１年9月11日のニューヨーク同時多発テロ発生以前のものである。

アーミテージリポートによる日本への集団的自衛権行使の要求、「改憲」強制の流れは自民党国防部会が作成した「わが国の安全保障政策の確立と日米同盟」（２００１年3月23日付）を読むと一層明らかになる。

同書は「わが国周辺地域においては冷戦終結後、ヨーロッパと違って多くの国が軍事力の強化を推進し、朝鮮半島や台湾海峡等を巡る問題やわが国の北方領土など未解決な諸問題が存在するなど不透明かつ不確実な情勢にある」と、前記アーミテージリポートの情勢分析をそっくりそのまま引用し、日米同盟、日米安保体制の強化を訴え、そのために日米の防衛技術協力、武器輸出三原則の見直しを主張し、「健全な防衛産業の存立は、適切な防衛力の整備・維持を図る上で重要な前提である」と述べる。

国連安保理の常任理事国がいずれも武器輸出大国であることはよく知られているが、日本も武器輸出によって不況から脱出せよというのだ。石原東京都知事(当時)も米紙のインタビューに「軍事支出で経済を活性化するために、日本も独自のミサイル防衛を開発すべきだ」と述べていた。

さらに前記国防部会文書は、集団的自衛権行使に関する憲法解釈の見直し、そして日米の情報交換を進めるために日本も新たな機密保護法の立法が必要だとか、有事法制を含む緊急事態法制の整備をする必要があると述べるなど、アーミテージリポートそのままだ。アーミテージ氏はその後も、2007年、2012年と2度に亘り、同趣旨のリポートを発表し、日本における、集団的自衛権行使容認の方向への安全保障政策の転換の進捗具合をチェックし、激励した。

2012年夏の第3次アーミテージリポートでは、「今日の大問題に適切に対処するには、より強力でより平等な同盟が必要である。上記のような同盟が存在するためには、米国と日本が一流国家の視点をもち一流国家として振舞うことが必要であろう。我々の見解では一流国家とは、経済力、軍事力、グローバルな視野、そして国際的な懸念に関して実証された指導力をもつ国家である。同盟の支援に関して米国側に改善点はあるが、米国が一流国家であり続けることには寸分の疑いもない。しかしながら、日本には決定しなければならないことがある。つまり、日本は一流国家であり続けたいのか、それとも二流国家に成り下がって構わないのか？　日本の国民と政府が二流のステータスに甘んじるなら、この報告書は不要であろう。この同盟に関する我々の評価と推奨事項は、日本が大きな貢献を果たせる世界の舞台で完全なパートナーであることに依拠している」、「日本が強い米国を必要とするに劣らず、米国は強い日本を必要とする。この観点から、我々は日米同盟とそのスチュワードシップの問題を取り上げる。日本が米国と肩を並べ続けていくには、米国と共に前進する必要がある。日本は、今までアジアのリーダーであったが、今後もそうあり続けることができるのである」、「日本は能力形成や2国間及び多国間の対応を通して、これまで以上に防衛と軍事の外交手腕を発揮することができる。新たな役割と任務の見直しにあたっては、日本の防衛及び地域の緊急事態における米国との防衛を含めた日本の責任範囲を拡大すべきである」、「日本の集団的防衛の禁止に関する改変は、その矛盾をはっきりと示すことになるだろう。政策の変更は統一した指揮ではなく、軍事的により積極的な日本を、もしくは平和憲法の改正を求めるべきである。集団的自衛の禁止は同盟の障害である。3・11は我々2つの軍が必要な時にいかに軍事力を最大限に活用できるかを証明した。平和時、緊張、危機、及び戦争時の防衛範囲を通して完全な協力で対応することを我々の軍に許可することは責任ある権限行動であろう」

その出自からしてアメリカの軍事戦略に組み込まれた日本の自衛隊はもはや「専守防衛」では

済まされず、世界の各地で米軍と共同しての戦闘行動を求められているのだ。そのためには集団的自衛権を認めない現行憲法では困るというわけである。まさに「改憲」の強制、押しつけであった。

アーミテージリポートから、十数年を経た今、何が起きているか。２０１４年、特定秘密保護法の制定、武器禁輸原則の緩和、集団的自衛権行使容認の閣議決定、２０１５年、安保法制の強行採決、武器輸出を国家戦略にと云う経団連の提言、武器輸出の窓口としての防衛装備庁の設置、そして、２０１７年、行為を罰し、内心は罰しないという近代刑法の大原則に抵触する共謀罪の強行採決、これらはアーミテージリポートの実践に他ならない。

国連安保理常任理事国入りを悲願とする外務省

国際法から見ると、日本の戦後は１９４５年8月15日から始まるのではない。それから約７年の長きにわたった占領が終了した１９５２年４月28日のサンフランシスコ講和条約の発効した日から戦後が始まった。

サンフランシスコ講和条約は日米安保条約とセットのものであった。日米安保条約は、サンフランシスコ講和条約発効後も、占領軍としての米軍が「在日米軍」と名を変え、日本本土を引き続き「占領」出来るとした「占領状態継続法」であった（沖縄はサンフランシスコ講和条約で本土から切り離され、米軍の占領下にあった)。つまり日本の戦後は、法的には戦争を放棄した第9条を持つ憲法大系と、米国との軍事同盟である日米安保体制という本来相いれないはずの2つの法体系の奇妙な同居であった。戦後における両者の関係は、後者による前者の空洞化の歴史であった。しかし、その場合にもどうしても乗り越えることのできなかった集団的自衛権行使不可という壁があった。

「1990年にイラクがクウエートに侵攻した『湾岸危機』の当時、私は外務省条約局長をしていました。日本政府の国際貢献が問われた局面で、内閣法制局の方から、『米軍への飲み水の供給も集団的自衛権の行使であれば憲法違反になる』といった話が聞こえてきました。私は『この人たちは日米安保条約を否定しようとしている。わが国の安全保障はどうなってしまうのか』と考え込んだものです」(2014年3月25日『朝日新聞』「耕論　法制局『番人』の未来」)。元外務省条約局長、後に最高裁判事を務めた福田博氏の言である。

福田氏の発言を読んだとき、日本の外務官僚にとっては、憲法の前に、《まず日米安保ありき》だと言われていることを思い出した。

集団的自衛権行使を容認せずという壁を乗り越え、自衛隊を海外で展開させ、国連安全保障理事会の常任理事国となること、これが外務官僚の悲願である。

他国の戦闘部隊に対し武器弾薬はもちろんのこと、糧食、飲料水の提供をすることも、個別的自衛権の行使を超え、集団的自衛権の行使となり、現行憲法上許されないとする前記内閣法制局の見解は、法律家にとってはあまりにも当然なことである。法制局の見解を批判する福田氏の前記発言は、同氏が最高裁判事を務めてもなお外務官僚という出自を乗り越えることができないことを物語っていた。

普天間の返還は辺野古の新基地建設だけではない

前記第3次アーミテージレポートには以下のような記述もある。

「在日米軍（USFJ）には日本の防衛に関して明確な役割が与えられるべきである。作戦の遂行能力と今後起こり得る在日米軍と自衛隊の合同機動部隊の軍事力を考慮して、米国は在日米軍により大きな責任と使命感を与えるべきである。

予算削減や財政引締めがワシントンでも東京でも起こりそうな状況の中では、軍事力を維持する為のより効果的な資源の使用が不可欠である。効果的な資源活用に関する早期の政治的示威行動は相互運用性である。相互運用性とは米国装備品の購入を意味するものではない。それは、本質的には協同する基礎能力を指している。米国海軍と海上自衛隊は、数十年に亘りこの能力を証明している。米国空軍と航空自衛隊（JASDF）は進歩を見せているが、米国陸軍、海軍と陸上自衛隊は重点の差異により限定されている。（中略）相互運用性を高める1つの方法は、双方の防衛訓練の質を向上させることである。米国空軍、海軍は自衛隊と連携して民間空港を循環した訓練を毎年行うべきである。新たな訓練地域は潜在的な緊急事態をより広範に想定させ、両軍をより危険な状態に晒し、さらには沖縄の人々に対しての負担を共有する感覚をもたらすだろう」

米軍の基地負担に喘ぐ沖縄県民の思いをダシに使って日本全土の民間空港も使って日米が共同訓練をやろうというのである。折しも、普天間の返還は辺野古の新基地建設だけでなく、那覇空港の滑走路の使用が条件という「密約」があったことが明らかになっている。

今、沖縄辺野古で、県民の反対の声を押し潰し、米軍の新基地建設が強行されている。先の戦争で、本土防衛のための「捨て石」とされ、熾烈な地上戦を強いられ、多くの人々を亡くし、戦後も、サンフランシスコ講和条約によって切り捨てられ、日本国憲法の埒外に置かれて文字通りの「銃剣とブルドーザー」によって米軍基地の重圧に苦しんできた沖縄。１９７２年5月15日の本土復帰以降も、国土面積で0.6％の広さしかない沖縄に米軍施設70％が集中し、軍人、軍属による犯罪の被害者とされて来た沖縄県民は、法の下の平等（憲法第14条）、地方自治の諸規定（同第8章）、個人の尊重、幸福追求の権利（憲法第13条）の保護外に置かれている。

そのような中で沖縄県民たちは闘い抜いてきた。米軍基地内の、現在は使用されていない箇所に建てられた読谷村庁舎内の村長室には新庁舎落成を祝って山内徳信村長（当時）が創った詞「輝け自治の殿堂」が掲げられているが、その中に以下のような一節がある。

「勇敢な村人たちは　苦難抑圧の歴史の中にあって　二つの大国（日米）を相手に　主体的・創造的・具体的に　闘い抜いた村人達万歳」

「二つの大国（日米）を相手に」という表現にギョッとする。辺野古の米軍基地フェンスには「日米は合意しても沖縄は合意していない」という新基地建設反対の県民の思いが表わされた横断幕が掲げられている。

領有を巡って日中間で「紛争」となっている無人島の尖閣諸島ついて「領土は1㎠とも譲れない」と息巻く人たちがいる。彼らが米軍基地の重圧に苦しみながら140万人もの人々の住む沖縄の現状に冷淡なのには驚く。彼らは、沖縄の軍事的占領状態の現状が、「同盟国（連合国）は自国のためには利得を求めず、領土拡張の念も有しない」としたカイロ宣言を引用したポツダム宣言第8項、及び同第12項「前記諸目的が達成せられ、且日本国民の自由に表明された意思に従い平和的傾向を有し、且責任ある政府が樹立せられるに於いて連合国の占領軍は直ちに日本国から撤収せらるべし」に、そしてこのポツダム宣言を引用した1945年9月2日の降伏文書に違反していることに何故気づかないのだろうか。

米国の要求は米軍が日本全土を沖縄と同様自由に使えるようにすることである。日米安保条約第6条は「日本国の安全に寄与し、並びに極東における国際の平和及び安全の維持に寄与するため、アメリカ合衆国は、その陸軍、空軍及び海軍が日本国に於いて施設及び区域を使用することを許される」としており、米軍の使用できる施設、区域の制限を設けてはいない。前記元自衛艦隊司令官香田氏も、以下の様に語っている。

「沖縄より西に本格的な米軍基地はない。太平洋から中東までの米国の軍事プレゼンスを維持するために、日本の総合力に支えられた在日米軍は死活的に重要です。総合力とは、日本の優れた社会インフラです。カリフォルニアより少し狭い国土に、ジェット機が発着できる飛行場が90もある。治安も水も食糧も安全で、工業、交通、通信、医療も世界水準以上。こんな戦略拠点はどこにもない。日本は米国が世界戦略を立案する上で不可欠です。米国は、日米安保を日本人が考える以上に大事だと思っているのです」（2017年8月23日付け『朝日新聞』「オピニオン&フォーラム」）。

香田氏は、日本政府による「思いやり予算」に象徴される膨大な米軍駐留費の肩代わり、欧州における米軍基地とは比較にならない従属的な地位協定の問題については全く触れていない。

国柄が変わる

前述したように、集団的自衛権行使容認・安保法制の施行により日本は「平和国家」たることをやめ、自衛隊が米軍と一体活動を行うことが可能となり、また「同盟国」米国からそのことを強く期待されている。

戦争は最大の人権侵害であると同時に最大の消費でもある。武器輸出を国家戦略とすることを政府に迫る経団連の提言（2015年9月11日『朝日新聞』）は、「政府の行為によって再び戦争の惨禍が起こることのないようにすることを決意」した、この国の戦後の出発点の否定でしかない。

2014年、安倍政権は「防衛装備移転三原則」制定により、武器輸出禁止原則を事実上解禁した。

2015年10月1日、政府は、武器輸出の窓口となる防衛装備庁を発足させた。防衛省の外局となり約1800人で発足する。武器輸出を国家戦略とする「平和国家」などはあり得ない。これは単に倫理的な意味だけではない。武器輸出をするためには、武器の需要がなくてはならない。武器の需要、すなわち紛争である。1961年1月、米大統領アイゼンハワーは、退任演説に於いて

「我々は、政府の委員会等において、それが意図されたものであろうとなかろうと、軍産複合体による不当な影響力の獲得を排除しなければなりません。誤って与えられた権力の出現がもたらすかも知れない悲劇の可能性は存在し、また存在し続けるでしょう。

この軍産複合体の影響力が、我々の自由や民主主義的プロセスを決して危険にさらすことのないようにせねばなりません。何ごとも確かなものは一つもありません。

警戒心を持ち見識ある市民のみが、巨大な軍産マシーンを平和的な手段と目的に適合するよう

に強いることができるのです。その結果として安全と自由とが共に維持され発展して行くでしょう」

と軍産複合体のもたらす危機について訴えた。軍人出身の大統領が「軍産複合による危機」を訴えたのである。米国経済は、10年ごとに大きな戦争をしなくては成り立たないようになっている。後になってその戦争を反省しようが、それはまた全く別なことである。

防衛装備庁は、2015年度から、兵器などの開発につながりそうな基礎研究に資金を提供するとして安全保障技術研究推進制度を作り、初年度の予算は3億円、2016年度は6億円と倍増、そして2017年度は一気に110億円に増額した。

2017年、東南アジアを念頭に防衛装備を無償譲渡できるよう財政法の改正を企図。財政法9条は国の財産について、「適正な対価なく、譲渡し貸付けしてはならない」としており、中古品でも無償譲渡できない（2017年1月19日、『毎日新聞』）。武器輸出を国家戦略とすることは「平和国家」の放棄であり、戦争できる国から戦争を欲する国への転換を意味している。

福島の惨状を「放置」したままで、原発輸出に血道を上げる産業界。武器輸出を国家戦略とするような国は、その国の産業構造を変えてしまうと云うことを理解すべきである。防衛省は平成30年度の予算について過去最大の5・2兆円の概算要求を為すという。2017年11月6日、来日したトランプ米大統領は、安倍首相との共同記者会見で、「非常に重要なのは、日本が膨大な兵器を追加で買うことだ。我々は世界最高の兵器を作っている。完全なステルス機能を持つF35戦闘機も多様なミサイルもある。米国に雇用、日本に安全をもたらす」と語り、これを受けて安倍首相も、「アジア太平洋地域の安全保障環境が厳しくなる中、日本の防衛力を質的、量的に拡充していかなければならない。イージス艦の量・質を拡充していくため米国からさらに購入していく。ミサイル防衛システムは日米で協力して対処するもの。迎撃の必要があるものについては迎撃していく」と応じた（11月7日、『朝日新聞』）。集団的自衛権行使容認・安保法制で自衛隊を差し出させ、今度は武器を買えというわけだ。F35戦闘機は1機約147億円（42機購入予定）、陸上イージスティム「イージス・アショア」は当初1基700から800億円（2基購入予定）するとされたが、その後1000億円以上にその価格が増大している。

米国大統領選でトランプ氏が当選するや、直ちにお祝いの電話をし、大統領就任前に駆けつけ、トランプ氏に「『なるべく早くお会いしたいと言うから、いつでもいいよ』と言ったら、すぐ来て」驚かれた（2017年11月7日、『毎日新聞』）。安倍首相のトランプ追従の姿は悲しすぎる。安倍首相はトランプ来日に先立って来日したトランプの娘イバンカ（大統領補佐官）に対しても、彼女が設立に関与した女性企業家を支援する世界銀行グループの基金に5000万ドル（約57億円）拠出すると表明した。森友、加計疑惑と同じ構造ではないか。

戦後が若かった頃に思いを馳せる

1945年8月15日の敗戦、私たちは「政府の行為によって再び戦争の惨禍が起ることのないやうにすることを決意し、ここに主権が国民に存することを宣言し」、「平和を愛する諸国民の公正と信義に信頼して、われらの安全と生存を保持しようと決意し」、「全世界の国民が等しく恐怖と欠乏から免れ平和のうちに生存する権利を有することを確認する」(憲法前文)、と世界に向かって新しい国家として生まれ変わることを宣言し、国民主権、戦争の放棄、基本的人権の保障を三大原理とする日本国憲法(1946年11月3日公布、翌年5月3日施行)を制定して戦後の再出発をなした。

同時に封建制度解体のために農地改革を断行し、民主主義の育成のため教育改革を行い、1947年3月31日、「われらはさきに日本国憲法を確定し、民主的で文化的な国家を建設して、世界の平和と人類の福祉に貢献しようとする決意を示した。この理想の実現は根本において教育の力にまつべきものである。われらは個人の尊厳を重んじ、真理と平和を希求する人間の育成を期するとともに、普遍的にして個性豊かな文化の創造をめざす教育を普及徹底しなければならない」とその前文において高らかに謳った教育基本法を制定した。

政府の憲法問題調査委員会の補助員を勤めた佐藤功は、後に「原案……を初めて見たときの鮮烈な感動、声を挙げて叫びたいほどの解放感」を振り返って、「もちろん書物では知っていた、〈国民主権〕、〔基本的人権〕、〔法の支配〕がほかならぬ日本の憲法に書き込まれるようになろうとは不覚にも」思っていなかったと述懐したという（樋口陽一『いま「憲法改正」をどう考えるか』２０１３年、岩波書店）。

１９４８年には衆・参両院において１８９０年制定以来「臣民教育」の基となっていた教育勅語の排除・失効確認を決議した。参議院の失効決議は「われらは日本国憲法にのっとり、教育基本法を制定し、わが国と我が民族を中心とする教育の誤りを払拭し、真理と平和を希求する人間を育成する民主主義的教育理念を宣言した。教育勅語がすでに効力を失った事実を明確にし、政府は勅語の謄本をもれなく回収せよ」と述べた。

２０１７年10月22日の総選挙、自・公が大勝し、「安倍改憲」が具体的に政治日程に上がる可能性が出てきた。

前述したように、集団的自衛権行使容認の閣議決定、安保法制の強行採決という「クーデター」、法の下剋上により、憲法第９条を空洞化し、米国の要求を充たした上での安倍晋三の為の明文改憲である。憲法第９条をそのままにしておいたうえで自衛隊合憲を書き加えるだけだという「目くらまし」――自衛隊の存在とその任務・権限の区別を曖昧にする――に騙されてはならない。自衛隊合憲の「加憲」は、第９条とりわけ、その２項を破壊する爆裂弾である。

いよいよ正念場である。たかだか70年で「平和憲法」を放棄してよいのか。総選挙で選挙権を行使できなかった子ども、孫達、まだ生まれていない未来の人達、そして、同じく意思表示のできないアジアで2000万人以上、日本で310万人の非業・無念の死を強いられた死者達、戦後の護憲・平和運動を担って来た死者達、彼らの声に耳を傾けながら安倍改憲と闘わねばならない。それが現在《いま》を生きる私たちの責務である。

72年前の敗戦、空襲の恐怖から解放された人々は、青い空、夜空の星の美しさを改めて認識した。人々が美空ひばりに共感したのは、彼女の歌唱力の故だけではなかった。

「声を挙げて叫びたいほどの解放感」があったという(佐藤功)「戦後が若かった頃」【註2】に思いを馳せようではないか。

【註1】「文芸春秋」2015年1月号のインタビューで福田康夫元総理大臣も以下のように答えている。

— 結果、3分の2を確保した安倍政権は憲法改正に向かうことになります。この点については?

福田　押さえておかなくてはいけないのは、2014年に集団的自衛権の行使を限定的に容認する閣議決定がなされ、すでに憲法解釈が変わったということです。或る意味で大きな「憲法改正」が、実質的にはもう行われている。ということは、当面、憲法を慌てて改正しなくても良いような体制になっていると言えるんじゃないですか。

— すると、安倍首相が言う、「自衛隊が違憲だと多くの学者が言っている状況はおかしい。憲法9条に自衛隊の存在を明記する」という改憲は必要ない?

福田　そうしたことよりもっと大事なことがあるんじゃないでしょうか……

【註2】「戦後が若かった頃」に付、以下の3点を指摘しておかなければならない。
① 戦争を悲惨さのみで捉え、アジアの民衆に対する加害責任が欠落、もしくは希薄であった。
② 「平和憲法」が沖縄の切り捨ての上にあったことについての認識の欠如。
③ 戦没者遺族に寄り添ってこなかったことが、遺族会・靖国神社による戦傷病者・戦没者遺族等の取り込みをもたらした。

自衛隊明記の改憲案

人類は平和、独立、安全という「普遍的価値」を掲げて戦争をして来た

9条2項「戦力の不保持、交戦権の否認」を削除しないのは「目くらまし」

「前条の規定は、我が国の平和と独立を守り、国及び国民の安全を保つために必要な措置をとることを妨げず、そのための実力組織として、法律の定めるところにより、内閣の首長たる内閣総理大臣を最高の指揮監督者とする自衛隊を保持する」、これが憲法第9条の2として自衛隊を明記する自民党改憲案であるという。この改憲案は現行憲法第9条2項「戦力の不保持、交戦権の否認」を維持したままでのものであり、前記条項を削除した同党の2012年改憲案との違いについてどのような説明がなされるか興味深いところではある。もっとも、前記改憲案が「前条の規定は我が国の平和と独立を守り、国及び国民の安全を保つために必要な措置をとることを妨げず」としていることからすれば、「我が国の平和と独立を守り、国及び国民の安全を保つため」ならば、憲法第9条2項にいう「戦力の不保持、交戦権の否認」は適用されないことになる。後述するように「我が国の平和と独立を守り、国及び国民の安全を保つため」は、軍事に対する何らの縛りとなるものでなく、結局9条2項は空洞化し、その意味では前記改憲案も、同党の2012年改憲案とその実質に於いては全く変わりないと云うことになる。

では何故2018年改憲案では第9条2項「戦力の不保持、交戦権の否認」を削らず残したのか。それは、国民の間にある改憲に対する「不安」を解消させるためである。安倍首相は、自衛隊明記の改憲について、自衛隊の役割についてはこ今までと何ら変わりはありませんと事あるごとに強調している。そして他方では、仮に改憲案が国民投票によって否決されても自衛隊の役割は何ら変わりませんとも述べる。では何のために852億円（総務省の試算）もの国費を支出して改憲する必要があるのかと云うことにもなる。

「我が国の平和と独立を守り、国及び国民の安全を保つため」は縛りとして機能しない

「国の平和と独立」、「国及び国民の安全」、誰も反対できない普遍的価値であり、国民国家ではどこの国でもこの普遍的価値が軍隊の存在目的とされて来た。明治憲法下の日本軍も「天皇の軍隊」ではあったが、しかしその根底に於いてはこの普遍的価値によって支えられていた。国民国家成立以降、人類はこの普遍的価値を掲げて戦争をして来た。日本も例外ではない。

「……日本の独立と日本を取り巻くアジアの平和を守るためには悲しいことですが、外国との戦いも何度か起こったのです。明治時代には『日清戦争』『日露戦争』、大正時代には『第一次世界大戦』、昭和になっては『満州事変』、『支那事変』そして『大東亜戦争（第二次世界大戦）』が起こりました。戦争は本当に悲しい出来事ですが、日本の独立をしっかりと守り、平和な国として、

まわりのアジアの国々と共に栄えていくためには、戦わなければならなかったのです」（靖国神社発行パンフレット「私達の靖国神社」）。世界で通用しないことは勿論のこと、歴代の日本政府の公式見解にも反する「聖戦史観」である。

２０１４年5月30日、シンガポールで開催されたアジア安全保障会議（シャングリラ・ダイアローグ）基調講演で安倍首相は以下のように述べた。

「国際社会の平和、安定に、多くを負う国ならばこそ、日本は、もっと積極的に世界の平和に力を尽くしたい、〝積極的平和主義〟のバナーを掲げたい……自由と人権を愛し、法と秩序を重んじて、戦争を憎み、ひたぶるに、ただひたぶるに平和を追求する一本の道を日本は一度としてぶれることなく、何世代にもわたって歩んできました。これからの幾世代、変わらず歩んでいきます。この点、本日はお集まりのすべての皆さまにおかれては一点の曇りもなくご理解願いたい」。一体どこの国の話かと思う。そして前記靖国神社の「聖戦史観」と完全に重なるものであることに驚く。

「水脈《みお》の果て炎天の墓碑を置き去る」、先頃亡くなった俳人の金子兜太氏が敗戦を迎えたトラック島での1年3ヶ月の捕虜生活を終え、日本への引き揚げ船の甲板上で亡くなった友らに思いを馳せながら詠んだ句である。

安倍首相には、この句が表わす戦争のリアリズムも感性もない。安倍首相の基調講演には以下のくだりもあった。

「新しい日本人は、どんな日本人か。昔ながらの良さをひとつとして失わない日本人です。貧困を憎み、勤労の喜びに普遍的価値があると信じる日本人は、アジアがまだ貧しさの代名詞であるかのように言われていたころから、自分たちにできたことが、アジアのほかの国々で同じようにできないはずはないと信じ、経済の建設に孜孜《しし》として協力を続けました。新しい日本人は、こうした無私・無欲の貢献をおのがじしん喜びとする点で、父、祖父たちとなんら変わるところはないのです」

なんと空疎な言葉か、想像力の欠如か。言葉は形容詞から朽ちる（開高健）。近隣アジア諸国はこの基調講演をどう受け止めただろうか。「《日本人にできたことが、お前たちにもできないはずがない》、一体何様のつもりだ。余計なお世話だ」と反発したであろう。

話がそれた。要は、日本の近・現代における戦争はすべて、平和、独立、安全等の大義名分を掲げて行われてきたのであり、自民党改憲案に云う「我が国の平和と独立を守り、国及び国民の安全を保つため」は、自衛隊の活動に対する何らの縛りとはならないと云うことである。

この自民党改憲案は、2014年7月1日、閣議決定によって、集団的自衛権行使容認が強行された時の要件、すなわち、日本と密接な他国に対する攻撃があり、そのことによって国の存立が危機に瀕し（存立危機事態）、国民の生命、自由、幸福追求の権利が根底から覆される明白な危険がある時は、他に手段がない場合には必要最小限度の範囲内で武力の行使が許される、とした縛りをも取り払ったものとなっていることに留意すべきである。

「政府の行為によって再び戦争の惨禍が起こることのないやうにすることを決意し」

前記「国の平和と独立」、「国及び国民の安全」という「普遍的価値」に基づき、やがて「満蒙は日本の生命線」と称して（他国をそのように称するのだから誠に「勝手」である）中国大陸に進出し、アジアで2000万人以上、日本で、310万人の非業、無念の死を強いられた人々を生じさせ、国土を破壊したという歴史を忘れてはならない。その結果、生まれたのが、「政府の行為によつて再び戦争の惨禍が起ることのないやうにすること決意し」、「平和を愛する諸国民の公正と信義に信頼して、われらの安全と生存を保持しようと決意し」（憲法前文）、憲法第9条「戦争の放棄」をしたのではなかったか。

1946年11月3日新憲法の公布がなされた時、第9条「戦争の放棄」が文字通りのすべての戦争の放棄、すべての戦力の放棄、交戦権の否認であったことは、「すべての侵略戦争は自衛の名の下に開始された。したがって9条の戦争の放棄は、侵略戦争は勿論のこと自衛戦争をも放棄したものである」という当時の吉田首相の国会答弁に明らかなところである。そうであるがゆえに、1950年6月の朝鮮戦争勃発に伴う米国の命令により警察予備隊が創られた時「警察の予備隊であり、軍隊ではない」から憲法第9条には抵触しないという弁明がなされた。しかし、警察予備隊が保安隊を経て大きくその姿を変えて行く過程で、警察の予備隊と強弁できなくなるや、今度は近代戦争を有効に遂行し得る装備を持たないので、9条の禁ずる「戦力」には該当しないという弁明がなされ、自衛隊の装備の拡充によりその弁明も苦しくなるや、「専守防衛」であるから、9条には抵触しないという弁明がなされるようになった。

その際用いられたのが「国家当然の法理」、すなわち個人に正当防衛権があるように国家にも侵略に対抗する自衛権が当然にあるとする論である。

「国家当然の法理」について、詳しくは次項で述べる。

自衛権の根拠を憲法第13条「幸福追求の権利」に求める危うさ

肥大化する「自衛権」に対する歯止めは何か

「安倍首相が自衛隊明記改憲を提案したことで9条論議は活発化した。しかしそこで持論を披瀝開陳する人の多くが政府解釈や憲法体系を全く理解していないのは驚きだ。現在の憲法を理解しない人々が、その改正を語れるはずがない」（2018年2月22日、『朝日新聞』「明日を探る」9条の持論披瀝する前に 木村草太 首都東京大学教授・憲法）。えらく自信に満ちたコラムの書き出しだ。

木村教授は続けて、政府解釈について「確かに憲法9条の文言は、『国際関係における武力行使を一切禁じている』ように見える。しかし他方で、憲法13条は、国民の生命や自由を国政の上で最大限尊重しなければならない旨を定める。政府は、強盗やテロリストのみならず、外国からの侵略からも国民の生命等を保護する義務を負う。この義務は、国家の第一の存在意義とも言うべきもので、政府はこれを放棄できない。そこで外国からの武力攻撃があった場合に、防衛のための必要最小限度の実力行使は『9条の下で認められる例外的な武力行使』だとしてきた」と「整理」して、「こうした政府解釈を『欺瞞』と批判する見解もある。しかしその見解は、『外国による侵略で、国民の生命・自由が奪われるのを放置することも、憲法13条に反しない』との前提に立つことになる。こちらの方がよほど無理筋だ」と述べる。一見、まことに分かり易い「論理」

展開のように見える。しかし、そうだろうか。木村教授の云う「前提」の建て方がおかしい。自衛権の根拠を憲法13条に求めることに対する批判は、後述するように13条が憲法典に書き込まれた経緯、及び、13条では「自衛権」の肥大化に対する縛りとなり得ないという観点からの批判であって、「外国による侵略で、国民の生命・自由が奪われるのを放置」せよと言っているわけではない。外国による侵略で、国民の生命・自由が奪われるような事態（具体的にそのような恐れがあるのかどうかは慎重に検証されなければならない）に対しては、国家は当然に対処すべきであるが、それは13条によってではない。

国家当然の法理

憲法第9条1項「戦争の放棄」、同2項「戦力の不保持」、にもかかわらず政治的には、1950年6月の朝鮮戦争を契機として警察予備隊が創設され、その後、保安隊を経て自衛隊となり、今日に至るまで、「成長」肥大化し、その実体は装備等も含め、世界でも有数の実力組織となっている。政治の場における自衛隊の存在と憲法第9条「戦争の放棄」、「戦力の不保持」との整合性について、国は、「国家当然の法理」、すなわち個人に正当防衛の権利があるように国家にも侵略に対抗する自衛権が当然にあるとする論建てをしてきた。

不正な侵害に対する個人の正当防衛権については刑法に規定がある。しかし、国家の「正当防衛権」については、実定法上の規定はない。

この点について、1959年12月16日、砂川事件最高裁大法廷判決は、「わが国が自国の平和と安全を維持しその存立を全うするために必要な自衛の措置をとりうることは、国家固有の権能の行使として当然」と述べる。この見解の当否は今措くとして【註1】、仮に、「国家当然の法理」として、戦争の放棄、戦力の不保持を謳った憲法第9条下に於いて、どのような場合に、又どのような内容で自衛権を行使できるかと云うことが当然論じられなければならない。

国家当然の法理は、正当防衛の法理を前提としているものであるから、その発動の要件としては、わが国自体に対する攻撃がなされた場合に限るとされるのは当然であろう。また、その行使し得る自衛権も「正当防衛」の範囲内でなくてはならないことも同様である。かくしてわが国が行使し得る自衛権は、①わが国に対する急迫不正の侵害　②実力行使以外他に適当な手段がない　③その場合でも攻撃をはねのけるための必要最小限度実力行使に限る、という3つの要件を満たした上での個別的自衛権であって、自国に対する攻撃を前提としない集団的自衛権の行使は憲法上許されないとされて来た。歴代政権が堅持してきた専守防衛の安全保障政策である。

憲法前文に個別的自衛権の根拠を求めた砂川事件最高裁大法廷判決

前述したように、個別的自衛権、専守防衛については実定法にそのような規定があるわけでな

い。この点について前記砂川事件最高裁大法廷判決は、

「われら日本国民は、憲法9条2項により、同条項にいわゆる戦力は保持しないけれども、これによって生ずるわが国の防衛力の不足は、これを憲法前文にいわゆる平和を愛する諸国民の公正と信義に信頼することによって補い、もってわれらの安全と生存を保持しようと決意したのである」【註2】と述べ、専守防衛の個別的自衛権の根拠を憲法前文の「日本国民は恒久の平和を念願し、人間相互の関係を支配する崇高な理想を深く自覚するのであつて、平和を愛する諸国民の公正と信義に信頼して、われらの安全と生存を保持しようと決意した」に求める。同判決は、さらに以下のようにも述べる。

「憲法9条の趣旨に則して同条2項の法意を考えて見るに、同条項において戦力の不保持をも規定したのは、わが国がいわゆる戦力を保持し、自らその主体となってこれに指揮権、管理権を行使することにより、同条1項において永久に放棄することを定めたいわゆる侵略戦争を引き起こすがごときことのないようにするためであると解するを相当とする」、従って「同条2項がいわゆる自衛のための戦力の保持を禁じたものであるか否かは別として、同条項がその保持を禁止した戦力とは、わが国がその主体となってこれに指揮権、管理権を行使し得る戦力をいうものであり、結局わが国自体の戦力を指し、外国の軍隊は、たとえそれがわが国に駐留するとしても、ここにいう戦力には該当しないと解すべきである」と述べた。

何故、外国の軍隊なら指揮権、管理権を有しないから憲法第9条の禁ずる「戦力」に当たらないということになるのか。日本政府の同意のもとの駐留であり、サンフランシスコ講和条約とセットで結ばれた日米安保条約は、占領軍としての米軍がサ条約発効後も「在日米軍」と名を変えて、そのまま占領状態を継続することを容認する占領状態継続法であり、ポツダム宣言第12項「前記諸目的が達成され、且つ日本国民の自由に表明された意思に基づき平和的傾向を有し、且つ責任ある政府が樹立された時は、連合国の占領軍は速やかに撤収されなければならない」に違反するものであるにもかかわらず、「統治行為論」によって、最高裁が判断回避をしたこと、また「外国の軍隊」は憲法の禁ずる「戦力」に当たらないとする見解が、米軍基地の重圧に苦しむ沖縄の現状をもたらしている等々、最高裁大法廷判例についての批判はある。しかし、その最高裁の判例ですら、憲法が戦力の不保持を規定したのは、わが国が再び侵略戦争を起こさないためだとする上記判決理由は重要である。また同判決が、判決理由冒頭に於いて以下のように述べていることにも留意すべきである。

「そもそも憲法第9条は、わが国が、敗戦の結果、ポツダム宣言を受諾したことに伴い、日本国民が、過去におけるわが国の誤って犯すに至った軍国主義的行動を反省し、政府の行為によって再び戦争の惨禍を起こすことがないようにすることを決意し、深く恒久の平和を願って制定したものであって、前文及び第98条2項の国際協調の精神と相まって我が憲法の特色である平和主義を具体化した規定である」、これはアジアで2000万人以上、日本で310万人の死者をもたらした先の戦争の「敗北を抱きしめて」、「政府の行為によって再び戦争の惨禍が起ることのないやうにすることを決意し」（憲法前文）、戦後、再出発をしたことを述べたものである。

1946年6月26日の衆議院本会議で原夫次郎議員から「……自衛権までも抛棄しなければならぬのか……不意の襲来とか、侵略とかいうようなことが勃発した場合において、わが国は一体いかに処置すべきか、……」という質疑がなされ、これに対して吉田首相は「戦争抛棄に関する本案の規定は、直接には、自衛権を否定はしておりませぬが、第9条第2項において一切の軍備と国の交戦権を認めない結果、自衛権の発動としての戦争も、また交戦権も抛棄したものであります。従来、近年の戦争は多く自衛権の名において戦われたものであります。……今日わが国に対する疑惑は、日本は好戦国である。何時再軍備をして復讐戦をして世界の平和を脅かさないともわからないということが、日本に対する大きな疑惑であり、また誤解であります。まずこの誤解を正すことが今日われわれとしてなすべき第一のことであると思うのであります（傍線筆者）。……平和国際団体が確立せられたる場合に、もし侵略戦争を始むる者、侵略の意思をもって日本を侵す者があれば、これは平和に対する冒犯者であります。……世界の平和愛好国は相より相携えてこの冒犯者、この敵を克服すべきものであります。……」というように答えた（佐藤達夫『日本国憲法誕生記』。中公文庫127頁）

このように、憲法9条、戦争の放棄、戦力の不保持は、侵略戦争に対する深い反省から出発しているのであり、仮にわが国に憲法上、専守防衛の個別的自衛権の行使が認められるとしても、行使し得る場合、行使する内容については、常に前記憲法前文「政府の行為によって再び戦争の惨禍が起ることのないやうにすることを決意し」という縛りが掛けられていることに留意すべきである。

集団的自衛権行使は許されないとした1972年政府見解の論理構成

前述したように、戦争の放棄、戦力の不保持を定めた憲法9条下での個別的自衛権の行使は、憲法前文に云う「平和を愛する諸国民の公正と信義に信頼」することによって導き出され、且つ、「政府の行為によつて再び戦争の惨禍が起ることのないやうにすることを決意し」という縛りが掛けられているのであるが、昨今、この個別的自衛権行使の根拠を、憲法第13条幸福追求の権利に求める見解がみられるようになった。後述するように、この見解は危うい。

このような見解がいつ頃から登場して来たか、定かではないが、国家の警察権の根拠を13条に求める見解の延長上に出て来たものであるようだ【註3】。しかし、警察比例の原則によって規制され、相手の「制圧」を目的とする警察と相手の殲滅を目的とする軍隊は異なる。

憲法上集団的自衛権を行使しえないとした1972年（昭和47）政府見解は、以下のように述べ、わが国が有するとされる個別的自衛権の根拠の一つに憲法13条を掲げている。

「国際法上、国家は、いわゆる集団的自衛権、すなわち、自国と密接な関係にある外国に対する武力攻撃を、自国が直接攻撃されていないにもかかわらず、実力をもって阻止することが正当化されるという地位を有しているものとされており、国際連合憲章第51条、日本国との平和条約第5条(C)、日本国とアメリカ合衆国との間の相互協力及び安全保障条約前文並びに日本国とソビエト社会主義共和国連邦との共同宣言3第2段の規定は、この国際法の原則を宣明したものと思われる。そして、わが国が国際法上右の集団的自衛権を有していることは、主権国家である以上、当然といわなければならない。

ところで、政府は、従来から一貫して、わが国は国際法上いわゆる集団的自衛権を有しているとしても、国権の発動としてこれを行使することは、憲法の容認する自衛の措置の限界をこえるものであって許されないとの立場にたっているが、これは次のような考え方に基づくものである」

「憲法は、第9条において、同条にいわゆる戦争を放棄し、いわゆる戦力の保持を禁止しているが、前文において『全世界の国民が……平和のうちに生存する権利を有す』ことを確認し、また、第13条において『生命、自由及び幸福追求に対する国民の権利については、……国政の上で、最大の尊重を必要とする』旨を定めていることからも、わが国がみずからの存立を全うし国民が平和のうちに生存することまでも放棄していないことは明らかであって、自国の平和と安全を維持しその存立を全うするために必要な自衛の措置をとることを禁じているとはとうてい解されない。しかしながら、だからといって、平和主義をその基本原則とする憲法が、右にいう自衛のための措置を無制限に認めているとは解されないのであって、それは、あくまで外国の武力攻撃によって国民の生命、自由及び幸福追求の権利が根底からくつがえされるという急迫、不正の事態に対処し、国民のこれらの権利を守るための止《や》むを得ない措置としてはじめて容認されるものであるから、その措置は、右の事態を排除するためとられるべき必要最小限度の範囲にとどまるべきものである。そうだとすれば、わが憲法の下で武力行使を行うことが許されるのは、わが国に対する急迫、不正の侵害に対処する場合に限られるのであって、したがって、他国に加えられた武力攻撃を阻止することをその内容とするいわゆる集団的自衛権の行使は、憲法上許されないといわざるを得ない」

72年政府見解と砂川事件最高裁大法廷判決

この政府見解と前記砂川事件最高裁大法廷判決と比べてみると、以下のことが分かる。すなわち、両者とも、わが国が有する個別的自衛権の根拠を憲法の前文に求めているのであるが、後者が、前文中の「平和を愛する諸国民の公正と信義に信頼して、われらの安全と生存を保持しようと決意した」に求めているのに対し、前者は、前文中の「われらは全世界の国民がひとしく恐怖と欠乏から免かれ平和のうちに生存する権利」、いわゆる「平和的生存権」に求め、併せて憲法13条幸福追求の権利もその根拠としている。そして両者とも、個別的自衛権行使が許されるとしても、その行使し得る内容は無制限なものでないとしているが、その制限の根拠について、後者は、同じく憲法前文の「政府の行為によって再び戦争の惨禍が起ることのないやうにすることを決意し」に求めるのに対し、前者は、前文のこの部分には具体的には触れず、憲法の基本原則である「平和主義」を抽象的に持ち出してきている。この違いは重要である。【註4】

そもそも憲法前文、「政府の行為によつて再び戦争の惨禍が起ることのないやうにすることを決意し」と、憲法13条幸福追求の権利が憲法典に書きこまれるに至ったかを考えてみる必要がある。前者は、前述したようにアジアで2000万人以上、日本で310万人の非業・無念の死者をもたらした、アジア・太平洋戦争の反省に基づくものであり、わが国の戦後の出発に際して、国内外に宣言した誓いであり、新生日本の原点であった。憲法13条幸福追求の権利は、後述するように、明治憲法下の「臣民の権利」と対峙する国民の権利であり、いわば憲法の臍であり、新生日本の原点である。

最高裁大法廷判決がなされた1959年12月16日は、戦後14年であり、侵略戦争としてのアジア・太平洋戦争についての「反省」がまだまだあったが、戦後27年を経た72年政府見解の頃にはその意識が希薄になっていた。砂川事件最高裁大法廷判決が自衛権の根拠として憲法13条を挙げていないのは上記のような歴史的経緯からして、13条は軍事の根拠となり得るものではないことを認識していたからである。72年政府見解を書いた内閣法制局の官僚は、そのような歴史認識を持つことなく、13条と云う「使い勝手の良い」条文を見付け、法技術的にこれに乗っかったものである。

城山三郎の述懐

戦後民主主義下で育った私は、各人が個人として尊重され、幸福を追求できるのは当り前と思って来た。昨今、格差拡大社会の中で、この権利の実現がかなり難しくはなっているが、それでも建前としてはこの権利は認められている。だから憲法第13条「幸福追求の権利」という当然のことをわざわざ憲法典に書き込む必要があるのかと疑問を抱いていた。作家の城山三郎氏が「自分たちの青春は惨めだった。個人の幸せを考えることは許されなく、天皇のため、国家のためにどう死ぬかを考えることしか許されていなかった」と書いているのを読み、この疑問は氷解した。

敗戦直前、米軍の本土上陸に「備え」、15、16歳の子どもに潜水服を着せ、竹竿の先に爆雷を吊るしたものを持たせて海底に潜ませ、米軍の上陸用舟艇を突かせる「伏龍」などという戦法が真面目に実施されようとした。戦争の時代には個人が幸福を追求するようなことは建前としても許されていなかった。

1890（明治23）年発布された教育勅語は、「一旦緩急アレハ義勇公ニ奉シ以テ天壌無窮ノ皇運ヲ扶翼スヘシ」と臣民の心得を説き　1941年7月、第3次近衛内閣・文部省教学局発行の『臣民の道』は、

「日常我等が私生活と呼ぶものも、畢竟これ臣民の道の実践であり、天業を翼賛し奉る臣民の営む業としての公の意義を有するものである。（中略）かくて我等は私生活の間にも天皇に帰一し、国家に奉仕するの念を忘れてはならぬ」

と説く。

「夢に出て来た父上に死んで帰れと励まされ　覚めてにらむは敵の空」（「露営の歌」作詞薮内喜一郎、作曲古関裕而）というような恐ろしい歌が謳われていた時代であった。柳宗悦『手仕事の日本』は、岐阜提灯について書いた「強さの美はないが、平和を愛する心の現れがある」中の「平和」の二文字が検閲に引っかかり発禁となった。そんなに昔の事ではない。たかだか72年前ことだ。

「人々は、大正末期、最も拡大された自由を享受する日々を過ごしていたが、その情勢は、わずか数年にして国家の意図するままに一変し、信教の自由はもちろん、思想の自由、言論、出版の自由もことごとく制限、禁圧されて、有名無実となったのみか、生命身体の自由をも奪われたのである。『今日の滴る細流がたちまち荒れ狂う激流となる』との警句を身をもって体験したの

は、最近のことである。情勢の急変には10年を要しなかった」（1997年4月2日、愛媛県靖国神社玉串料訴訟最高裁大法廷判決における尾崎行信裁判官補足意見）。

「戦争で得たものは憲法だけだ」というのが、「伏龍」に狩り出された城山三郎氏の生前の口癖だった。

侵害された歴史が権利を憲法典に書き込ませた

国家が、言論、思想の自由どころか、個人の生命、身体の自由さえも奪ってしまった戦争という惨めな時代を再来させないために、戦争の放棄、戦力の不保持を宣言した憲法9条を設け、国家に個人の尊重、幸福追求の権利を保障させるために13条の幸福追求の権利を憲法典に書き込んだ。そもそも憲法13条 個人の「幸福追求の権利」を実現するための憲法9条「戦争の放棄」であったはずだ。ところが昨今、13条における国家の「後見的役割」が強調され、中国の海洋進出、北朝鮮のミサイル発射実験等、わが国の安全保障を巡る環境の変化が声高に語られ、国家には国民の幸福を守る責務がある、そのために軍事力を保持し、それを強化すべきだという倒錯した論が語られる。

この点については憲法13条と同25条の生存権との比較、13条と徴兵制との関連について考えてみると分かり易い。

まず前者の比較である。有斐閣発行の『判例六法』で憲法25条を見ると「生存権、国の使命」というタイトルが付けられている。ワイマール憲法に倣った生存権は「社会権」であり、国家の積極的な関与、国家の義務を規定したものである。同じく前記『判例六法』で13条を見ると、「個人の尊重・幸福追求権・公共の福祉」というタイトルが付けられている。13条「幸福追求の権利」は25条「生存権」のような国家の積極的な関与を求めた社会権でなく、古典的な意味での自由権を規定したものである。

このことは、13条と徴兵制との関連を考えてみると、もっと分かり易い。

戦争を放棄した憲法9条下で、徴兵制が認められないのは当然であるが、その根拠として、9条の外に、18条「奴隷的拘束及び苦役からの自由」があげられる。自民党の2012年改憲草案ではこの18条が削除されており、これは将来の徴兵制を見据えたものではないかと疑念が持たれている。私は、18条もそうだが、13条「幸福追求の権利」こそ、徴兵制に対峙するものだと考える。城山三郎氏の述懐に関して述べたように、この国では国家によって、国民の生命、身体の自由すら奪われた時代があり、それからたかだか70余年しか経過していないのである。ところが13条に国家の役割を求め「自衛権」の根拠を求める見解によれば、国は、国民の生命・身体、幸福追求の権利を守る義務がある。そのためには軍事力が必要、そのための自衛隊員の確保が必要→徴兵制という論も成立し得ることになる。

「政府の行為によって再び戦争の惨禍が起ることのないやうにすることを決意し」という歴史的な経過に基づくたがを外された【註5】「国民の生命、身体の自由及び幸福追求に関する権利」という、それ自体としては誰も否定できない言葉が軍事力強化の根拠として利用され、2014年7月1日、これまで憲法上行使はできないとされていた集団的自衛権行使が閣議決定により容認され、自衛隊が米軍と一体となって活動することを可能とする安保法制の強行採決がなされた。

13条は軍事に対峙するもの

「たしかに自分のいのちは大切なものである。しかし、ときにはそれをなげうっても守るべき価値が存在するのだ、ということを考えたことがあるだろうか」（安倍晋三『美しい国へ』2006年）。

親が子どもを守るために自らの命を犠牲にするというようなことはあり得るかもしれない。しかし、それはすぐれて個人的なことである。政治家が国民に向かって、「命をなげうってでも守るべき価値がある」などと言ってはいけない、言わせない、それが70余年前、アジアで2000万人以上、日本で310万人の死者をもたらしたあの戦争の反省ではなかったか。

前記『美しい国へ』から引用した安倍晋三の「命をなげうってでも守るべき価値がある」の文は以下の文に続けて書かれたものである。

「今日の豊かな日本は、彼ら（特攻隊員たち：引用者註）がささげた尊い命の上に成り立っている。

だが、戦後生まれのわたしたちは、彼らにどう向きあってきただろうか。国家のためにすすんで身を投じた人たちにたいし、尊崇の念をあらわしてきただろうか」

13条の生命、自由及び幸福追求権は、それ自体としては誰も反対できない「使い勝手のよい条文」（元内閣法制局長官）だからこそ、これが乱用されると歯止めがなくなる。現に、2014年7月1日、集団的自衛権行使容認の閣議決定の際にも、安全保障を巡る「環境の変化」が声高に語られ、自国に対する直接的な攻撃がなくとも「国民の生命、自由及び幸福追求の権利が根底から覆される明白な危険」がある場合には、自衛権（集団的自衛権）の行使が許されるとされた。憲法13条国民の生命、自由、幸福追求の為なら何でも許される。13条がかつて《満蒙は日本の生命線》と同じような使い方がなされるようになる。安保法制の強行採決、沖縄辺野古における米軍新基地建設の強行、海を殺され、空から軍用機の機材が落下し、米軍人、軍属らによって命すら奪われている沖縄県民の生命、自由、幸福追求の権利が、自衛権と一体となった日米安保条約の名に於いてなされている。ヤマトの13条が沖縄県民の13条を破壊していることに気付くべきである。

1日でもいい、辺野古で座り込んでみれば13条は軍事に対峙するものであって、軍事の根拠となりうるものではないことが理解できるはずだ。前述した砂川事件大法廷判決が、自衛権の根拠として、72年政府見解と異なり、13条を挙げなかった理由がここにある。

「戦争を知っている世代が政治の中枢にいるうちは心配ない。平和について議論する必要はない。だが戦争を知らない世代が政治の中枢となったときはとても危ない」（田中角栄）という警句を思い起こすべきではないか。

安倍首相は憲法に自衛隊を明記して自衛隊に対する前記制限をとっぱらおうとしている。その際用いられるのが、憲法13条「国民の生命、自由及び幸福追求権」である。

【註1】国家（法人）は、自然権の主体たり得ず、授権なくしては権利の主体たりえないとするのが憲法学の通説である。

【註2】在日米軍は憲法違反とした砂川事件一審判決（伊達判決）も同最高裁大法廷判決も、わが国自衛権が有する個別的自衛権の根拠に憲法前文の「平和を愛する諸国民の公正と信義に信頼して」を挙げるが、この前文の解釈として前者が、ギリギリのところとして国連軍を想定しているのに対し、後者は、国連軍よりも広く、日米安保条約のような二国間条約も考えられると広く解している点に違いがある。

なお、自民党の改憲草案（2012年）では、この規定はあまりにも他力本願である（主権国家として「恥ずかしい」と述べる政治家すらいる）として削除されている。前文が「平和を愛する諸国家」でなく、「諸国民」としていることに留意すべきである。国家が、メディアが、ナショナリズムを煽らない限り、民衆は戦争を望まない。国内における外国人旅行者の多さを見れば、それが分かる。

【註3】田上譲二説

「わが憲法の基本原理として国民主権・人権尊重および国際協調の3原則が挙げられる。このうち、侵略に対して抵抗しないことが国際協調の原理に適するとはいえない。国民主権の国家ならば、国民は憲法を尊重擁護する義務とともに、憲法の前提とする国家の存立・防衛について責任がないとはいえない。殊に国家が国民の生命・身体および財産の安全を保障するために必要な制度であるとすれば、それは急迫不正の侵略に対し自己を防衛する権利がなければならない。憲法13条は、立法その他の国政のうえで国民の基本権を最大限度に尊重すべきものと定めるが、それは原則として国民の自由を侵してはならないとする消極的な不作為請求権の宣言のほか、国民の生命・自由・財産に加えられる国内的および国際的な侵害を排除するため積極的に国権の発動を要請する、公共の福祉の原理を含むものである。ここに、国内の公共の安全と秩序を維持する警察権とともに、国外からの侵略に対する国の自衛権の憲法上の根拠がある。憲法第9条の戦争の放棄はこのような前提の下で理解すべきである」(「主権の概念と防衛の問題」宮沢俊義先生還暦記念『日本国憲法体系・第2巻総論』有斐閣、1965年)

【註4】自民党の改憲草案では、この戦後の出発点である、「政府の行為によって再び戦争の惨禍が起ることのないやうにすることを決意し」は削除されている。

【註5】憲法13条は、「国民の生命、自由、及び幸福追求の権利については公共の福祉に反しない限り、立法その他国政の上で、最大の尊重を必要とする」として、人権相互の衝突を調整するものとして「公共の福祉」を掲げているが、2012年の自民党改憲草案では、「公共の福祉」に代えて「公益」、「公の秩序」という概念を持ち出してきている。この変更は、13条の理念を全く変えてしまうものである。13条がこのように改変されたならば、前述した13条によって、国家の武装権を導き出す論は、そこからさらに飛躍し、公の秩序、公共の利益の名の下に人権を制限し、徴兵制への途に走ることも可能となる。

昭和16年12月7日の早明戦

憲法破壊の安倍政権に対する闘いは3つの共闘

早明戦

２０１６年12月4日の日曜日、秩父宮ラグビー場にて大学ラグビー早明戦が行われた。終盤、早稲田が明治の猛攻をしのぎ24対22で、辛くも競り勝った。これで通算成績は、早稲田53勝、明治37勝、2分となった。早明戦が最初に行われたのは１９２３（大正12）年12月24日、42対3で早稲田が勝った。

以降、戦争による中断はあったものの、現在に至るまで、縦の明治（フォワードで縦に突進）、横の早稲田（バックスで横に展開）という両校ラグビーの特徴【註1】もあり、大学ラグビーの伝統の一戦として、数々の名勝負が展開され、多くの伝説も生まれた。この早明戦、かなり早い時期から、毎年12月の第1日曜日に行われるようになった。

１９４１年12月の第1日曜日は12月7日

今年（２０１６年）は、１９４１（昭和16）年12月8日未明午前3時35分（米ハワイ時間7日午前7時55分）の日本軍による真珠湾奇襲【註2】から75周年。安部首相は、12月28日、真珠湾に行き、オバマ米大統領と共に、死者たちを追悼するという。12月7日、オバマ大統領は声明を発し、「最大の敵国ですら、最も緊密な同盟国になれるという証として今月末、安倍晋三首相とアリゾナ記念館を訪れるのを楽しみにしている」と述べ、「日米和解」と「同盟の強化」が演出されている。安倍首相は真珠湾に何をしに行くのか、その前に行くべきところがあるのではないか、また真珠湾で何を話すのか等々の問題があるが、本稿はそのことを問おうとするものではない。

75年前の1941年12月8日は月曜日であった（米ハワイ時間では7日、日曜日。つまり日曜日の明け方を狙った奇襲攻撃）。その前日、7日は日曜日、12月の第1日曜日であった。この日、ラグビー早明戦が行われ、早稲田が26対6で勝った。

密かに択捉島の冠湾《かっぷ》に集合した日本海軍の機動部隊はハワイの真珠湾に向けて進行しており、攻撃の準備万端、他方、西太平洋では台湾から陸軍の上陸部隊を満載した日本陸軍の輸送船団も目的地マレー半島に向け出港していた。このようなときに日本国内ではラグビーの早明戦が行わ

（3）総合 1版 2017年（平成29年）1月8日 日曜日

真珠湾訪問と靖国参拝

識者評論 内田 雅敏（弁護士）

首相、歴史への慎みない

沖縄、アジアの視点欠如

「琉球球新」2017.1.8

れていた。母校の勝利に気をよくし、明け方まで痛飲し、自宅で寝ていた『毎日新聞』の某記者は、本社からの電話でたたき起こされ、「しまった！ 今日だったのか」と大慌てで本社に向かったという。戦争は、日常生活の中で、突如として始まる【註3】。

「中国文学」第80号

戦争賛美に雪崩を打った日本の知識人たち

真珠湾奇襲攻撃による日米・英戦争が開始されるや、「天皇あやふし」と高村光太郎、伊藤整ら日本の知識人は、永井荷風、中島敦、清沢洌らの一部例外【註4】を除いて、一斉に戦争賛美に変わってしまった。

魯迅研究者で「戦後知識人」の代表的な一人である竹内好は『中国文学』80号（1942年1月）に以下のような巻頭言「大東亜戦争と吾等の決意（宣言）」を書いている。

「歴史は作られた。世界は一夜にして変貌した。われらは目のあたりそれを見た。感動に打顫へながら、虹のやうに流れる一すぢの光芒の行衛を見守つた。（中略）十二月八日、宣戦の大詔が下つた日、日本国民の決意は一つに燃えた。（中略）この世界史の変革の壮挙の前には、思へば支那事変は一個の犠牲として堪へ得られる底のものであつた。支那事変に道義的な苛責を感じて女々しい感傷に耽り、前途の大計を見失つたわれらの如きは、まことに哀れむべき思想の貧困者だつたのである。（中略）大東亜戦争は見事に支那事変を完遂し、これを世界史上に復活せしめた。今や大東亜戦争を完遂するものこそ、われらである。（中略）耳をすませば、夜空を掩つて遠雷のやうな轟きの谺するのを聴かないか。間もなく夜は明けるであらう。やがて、われらの世界はわれらの手をもつて眼前に築かれるのだ」

吉本隆明のように検察官として竹内好を弾劾しようというのではない。何が、竹内ほどの人物をしても「支那事変に道義的な苛責を感じて女々しい感傷に耽り、前途の大計を見失つたわれらの如きは、まことに哀れむべき思想の貧困者だつたのである」とまで書かせてしまったかということを考えていかなければならない。

陸上自衛隊の南スーダンへの派遣

南スーダンでは政府軍（大統領派）と反政府軍（前副大統領派）が激しく対立し、停戦の合意は完全に崩れている。そこへ、ＰＫＯの名のもとに、陸上自衛隊を派遣し、しかも「駆けつけ警護」までやるという。自衛隊員が発砲し、殺し、あるいは殺されるという事態の発生する蓋然性が極めて高い。

２００３年12月、小泉内閣下での陸上自衛隊のイラク派遣に際しては、防衛官僚出身で当時官房副長官補（安全保障・危機管理担当）として政権の中枢にいた柳澤協二氏によれば、とにかく自衛隊員が発砲し、殺し、あるいは殺される事態の発生は絶対に避ける、自衛隊員に1人でも死者が出たら、政権が吹っ飛ぶと云う緊張感があったという。ところが2016年秋、陸上自衛隊の南スーダンへ派遣を決定した安倍政権には、小泉政権に見られたような緊張感はない。自衛隊員が殺し、殺される事態の発生は「想定内」としているかのように思われる。「未必の故意」は間違いなくある。

安倍首相が野党時代の2006年に書いた『美しい国へ』(文春新書、後に『新しい国へ』と改題)に、以下のような記載がある。

「今日の豊かな日本は、彼らがささげたと尊い命のうえに成り立っている。だが、戦後生まれの私たちは、彼らにどうむきあってきただろうか。国家のために進んで身を投じた人たちに尊崇の念をあらわしてきただろうか。たしかに自分のいのちは大切である。だが、ときにはそれをなげうっても、守るべき価値が存在するのだということを考えたことがあるだろうか」(同書107~108頁)。南スーダンでの自衛隊員の死を「想定内」とし、沖縄県民の声を無視して米国の言うがまま新米軍基地の建設を強行しようとしているのはこのような考え方が安倍首相の背景にあるからだ【註5】。

2016年12月6日政府自民党は、わずか5時間余の審議をしたのみで、カジノを解禁する法案を強行採決した。2015年秋には防衛省は、武器輸出の窓口として防衛装備庁を発足させた。

安倍晋三のいう「美しい国」というのは武器輸出国家、賭博国家か。

２０１４年5月、シンガポールで開かれたアジア安全保障会議で、安倍首相は以下のように演説した。「新しい日本人は、どんな日本人か。貧困を憎み、勤労の喜びに普遍的価値があると信じる日本人は、アジアがまだ、貧しさの代名詞であるかに言われていたころから、自分たちにできたことが、アジアの他の国々で、同じようにできないはずはないと信じ、経済の建設に、孜孜として協力を続けました」

勤労の喜びの普遍的価値とカジノはどう結び付くのか。

戦前回帰の兆しが現れ出した１９５７年、「マッチ擦るつかのま海に霧ふかし身捨つるほどの祖国はありや」と詠んだのは寺山修二だが、彼の父親はアジア・太平洋戦争末期、蘭印（現在のインドネシア）のセレベス島で戦死している。

山の画文屋辻まことは風刺画文『虫類図譜』（ちくま文庫　１９９６年刊　初出64年）で「愛国心」という虫について以下のように書く。

「悪質極まる虫。文化水準の低い国ほどこの虫の者が多いという説があるが、潜伏期の長いものなので、発作が見られないと、罹患の事実は解らない。過去にこの島では99％がこの発作による譫妄症状を呈したことがあり。死ぬまで治らぬ後遺症状があるから、現在、この島の住民は、その健康を信ずることができない。現在なお一寸したチンドン屋のラッパにもすぐ反応する症状を散見することがある」

２０１６年９月26日、国会開会日における安倍首相の所信表明演説に対し、自民党議員らが一斉に立ち上がり拍手をするという、戦前の翼賛国会の悪夢を思い起こさせるような事態が生じたことはまだ記憶に新しい。

１９４１年12月８日、日米開戦によって、この国の社会が一変し、知識人を含めて一斉に戦争賛美に走ったことを思い起こすべきである。

「戦争はあくまで避くべしと、その直前まで信じてゐた。戦争はみじめであるとしか考へなかった。實は、その考へ方のほうがみじめだったのである。卑屈、固陋、囚はれてゐたのである。戦争は突如開始され、その刹那、われらは一切を了得した。一切が明らかとなった。天高く光清らに輝き、われら積年の鬱屈は吹き飛ばされた。ここに道があったかとはじめて大覚一番、顧れば昨日の鬱情は既に跡形もない」、前記竹内好による「大東亜戦争と吾等の決意」の中の一節である。

南スーダンで、自衛隊員が殺し、あるいは殺されるという事態が発生した時に、また75年前と同じような状態になることを怖れる。そして一気に明文改憲だ。「９条があるから、自衛隊員の生命を守れなかった」、「戦後レジームの打破」、改憲により「平和ボケした日本人の精神を叩き直す」、これが彼らの悲願であり本音ではないか。

安全保障の要諦は「信頼」

情勢は大変厳しい。禅語に「水急不流月」と云う言葉がある。好きな言葉だ。例えばこんな光景を思い浮かべることは出来ないか。

山間の谷川、急流に月が映る、月はゆらゆらすることはあっても決して急流に流されない。「水、急にして月を流さず」である。この精神を大切にしたい。

憲法破壊の安倍政権に対する闘いは、今から70余年前、非業無念の死を強いられた人たちの声に、そして戦後の平和運動を担って来た今は亡き死者たちの声に耳を傾けながらの死者たちとの共闘であり、私たちの子ども、孫たち、さらにはまだ生まれていない未来の子どもたちに「政府の行為によって再び戦争の惨禍が起ることのないやうにすることを決意し」た（憲法前文）、この国を引き継ぐための未来との共闘であり、そして「平和を愛する諸国民の公正と信義に信頼して」（同）、とりわけアジアの民衆との共闘という3つの共闘であることを自覚しようではないか。安全保障の要諦は抑止力でなく「信頼」にこそある。

【註1】最近では、早稲田もフォワードを重視、明治もバックスを重視しており、両校の特色はそれほど鮮明ではなくなった。先日の早明戦でも早稲田のフォワードが明治のフォワードに押し勝ち、認定トライを得た。フォワードの下支えがあって初めてバックスの展開が可能になるのであり、このことは社会運動においても同様である。

【註2】この一撃は、ルーズベルト大統領を激怒させ、米国民の憤激を呼び起こしたが、重慶の蒋介石総統、ロンドンのチャーチル首相、クレムリンのスターリン書記長を小躍りさせた。これで米国が参戦し、ナチスドイツと日本を負かすことができると。

【註3】筆者の父の実家は、愛知県は東三河の山村にある。1941年12月8日の前日の7日、牛の種付けのために牛を連れて峠越えをした祖父が夜になっても戻らないため、深夜、父たち兄弟が峠を越えて隣村まで捜しに行った。祖父は訪問先で酒の接待を受け気持ちよく寝ていた。安心した父は8日未明、家に戻ったところ、ラジオから真珠湾攻撃の臨時ニュースが流れており、驚き、不安を覚えたという。

【註4】永井荷風の日記『断腸亭日乗』（岩波文庫）は。以下のように記す
昭和16年12月9日「くもりて午後より雨。開戦の号外出でてより近隣物静になり来訪者もなければ半日心やすく午睡することを得たり。夜小説執筆。雨声蕭々たり」、同年12月12日「開戦布告と共に街上電車その他至処に掲示せられし広告文を見るに、屠れ英米我らの敵だ進め一億火の玉だとあり、或る人戯れにこれをもじりむかし英米我らの師困る億兆火の車とかきて路傍の共同便所処内に貼りしといふ。現代人のつくる広告文には鉄だ力だ国力だ何だかだとダの字にて調子を取るくせあり、まことにこれ駄句駄字といふべし。……」。なお、敗色濃く、国民生活の窮乏も甚だしくなった昭和19年の同日記には以下のような記述がある。5月27日「この頃ネズミの荒れ廻ること甚し、昼の中も台所に出て、洗濯シャボンを引行くほどなり。雀の子も軒にあつまりゐて洗流しの米粒捨てるを待てるが如し。むかしは野良猫いつも物置小屋の屋根の上に眠り折々庭の上に糞をなし行きしがいつよりともなくその姿を見ぬようになりぬ。東亜共栄圏内に生息する鳥獣飢餓の惨状また憐むべし。燕よ。秋を待たで速やかに帰れ。雁よ。秋来るとも今年は共栄圏内に来る莫れ」と記し、
同月30日には、「数日前までは昼の中も折々天井を走廻りし鼠いかにしけん昨夜よりひっそりとして音を立てず台所にも落ちたる糞を見ざるに至れり。鼠群の突然家を去るは天変地妖の来るべき予報なりとも言えり。果たして然るや。暴風もやむ時来ればやむなり。軍閥の威勢も衰る時来れば衰ふべし。その時早く来れかし。家の鼠の去りしが如くに」。戦後【註6】に続く。

中島敦遺稿『章魚木の下で』は以下のように書く

南洋群島の土人の間で仕事をしてゐた間は、内地の新聞も雑誌も一切目にしなかった。文学などといふものも殆ど忘れてゐたらしい。その中に戦争になった。文学に就いて考えることは益々なくなって行った。数か月してから東京へ出てきた。気候ばかりでなく、周囲の空気が一度に違ったので、大いに面食らった。本屋の店頭に堆高く積まれた書物共を見て私は実際仰天した。（中略）

思えば自分は今迄章魚木の下で、時局と文学とに就いて全く何とノンビリとした考え方しかしてゐなかったことかと我ながら驚いた。（中略）。戦争は戦争、文学は文学、全然別のものと思い込んでいた。（中略）成程、文学も戦争に役立ち得るのかとその時始めて気が付いたのだから、随分迂闊な話だ。しかし、文学者の学問や知識による文化啓蒙運動が役に立ったり、文学者の古典解説や報道文作製術が役に立ったりするのは、之は文学の効用といって良いものかどうか。文学が其の効用を発揮するとすれば、それは、斯ういふ時世に兎もすれば見のがされ勝ちな我々の精神の外剛内柔性——或ひは、気負ひ立った外面の下に隠された思考忌避性といったやうなものへの、一種の防腐剤としてであらうと思はれるが、之もまだハッキリ言ひ切る勇気はない。現在我々の味はひつつある感動が直ぐに其の儘作品の上に現れることを期待するのも些か性急に過ぎるやうに思はれる。自己の作物に時局性の薄いことを憂へて取って付けた様な国策的色彩を施すのも少々可笑しい。（1947年、このエッセイは中島の死後の48年『新創作』1月号に発表）

『暗黒日記』

清沢洌は、日米開戦から1年後の1942（昭和17）年12月9日、「近頃のことを書き残したい気持ちからまた日記を書く」として、「昨日は大東亜戦争記念日〈大詔奉戴日〉だった。ラジオは朝の賀屋大蔵大臣の放送に始めて、まるで感情的叫喚であった。夕方は僕は聞かなかったが、米国は鬼畜で英国は悪魔でといった放送で家人でさえもラジオを切ったそうだ。斯く感情に訴えなければ戦争は完遂できぬか。……」と書いた。

【註5】「今日の豊かな日本は、彼らがささげたと尊い命の上に成り立っている」のだろうか。彼らの死がなければ平和は実現できなかったのだろうか。もっと早く戦争を止めていれば、そもそも戦争を始めていなければ、彼らの死はなかった。生きていれば、彼らは戦後日本を築く担い手となったはずだ。

死者に対してはひたすら追悼あるのみで、死者に感謝したり、称えたりしてはならない。感謝し、称えた瞬間に死者の政治利用が始まり、死者を生み出した者の責任があいまいにされる。

１９９５年8月15日戦後50年の節目に際して発せられた村山首相談話が、「敗戦後、日本は、あの焼け野原から、幾多の困難を乗りこえて、今日の平和と繁栄を築いてまいりました。このことは私たちの誇りであり、そのために注がれた国民の皆さまの一人一人の英知とたゆみない努力に、私は心からの敬意の念を表わすものであります」と述べ、「死者たちの犠牲の上に」などとは述べていないことに留意すべきである。

【註6】昭和24年6月15日、晴、午前木戸氏来話。夕刻より浅草。仏蘭西映画 La Grandellusion を見る。帰途地下鉄入口にて柳島行電車を待つ。マッチにて煙草に火をつけむとすれども川風吹き来りて容易につかず。傍に佇立みゐたる街娼の一人わたしがつけて上げませう。あなた。永井先生でせうといふ。どうして知っているのだと問返すに新聞や何かに写真が出てゐるじゃないの。『濹の町』も昨夜よんだわ。わたしこの間まで亀有にゐたんです。暫く問荅する中電車来りたれば煙草の空箱に百円札参枚入れたるを与へて別れたり。

6月18日、晴、夕刻いつもの如く大都劇場に至る。終演後高杉由美子らと福嶋喫茶店に小憩し地下鉄入口にて別れ独電車を待つ時三日前の夜祝儀若干を与へたる街娼に逢ふ。その経歴をきかむと思ひ吾妻橋上につれ行き暗き川面を眺めつつ問荅すること暫くなり、今宵も参百円ほど与へしに何もしないのにそんなに貰っちゃわるいわよと辞退するを無理に強ひて受取らせ今度早い時ゆっくり遊ぼうと言ひて別れぬ。年は廿一、二なるべし。その悪ずれせざる様子の可憐なることそぞろに惻隠の情を催さしむ。不幸なる女の身上を探聞し小説の種にして稿料を貪らむとするわが心底こそ売春の行為よりもかへって浅間しき限りと言うべきなれ。

赤坂電話局のとなりの盆栽屋西花園は花屋となり菊の切花多く並べたり。溜池四角にて新橋行電車に乗る。米国歩兵の一隊軍旗を先にして進み来るに逢ひ電車運転を中止すること二、三十分の長きに及ぶ。歩みて新橋に至れば日は没して暮靄蒼然たり。銀座通には燈火既にきらめき行人雑踏す。

10月13日。毎月寄贈の出版物を古本屋に売りて参千余円を得たれば午後銀座千疋屋に赴き一昨日見たりし小禽を買ふ。籠金八百拾円、小禽金弐千五百円。

餌の稗五合にて金百円なり。この日午前高梨氏来話。市役所より市民税一回分九千余円の通知来る。悪税驚くべし。

筆者は右記のような荷風を好ましく思う。ところがこの3年後の1952（昭和27）年11月、荷風に文化勲章が授与されることになった。

「不幸なる女の身上を探聞し小説の種にして稿料を貪らむとするわが心底こそ売春の行為よりもかへって浅間しき限りと言うべきなれ」という荷風の自覚からすれば、当然「辞退」と思いきや、結構、喜々として（正直と言えば正直だが）これを、拝受し、その様子を同年11月3日の日記に細々と記載している。

「食卓に着席者の名札置きてあり。余の直ぐ左の席は親王、その左は陛下なり」というような記載を見ると、荷風は、「その左」の人について、「こいつ」のせいで（もちろん彼だけの責任ではないが）、日本国中が焼野原になり、アジアで2000万人以上、国内で310万人の人々が亡くなったことを考えなかったのだろうか、上記「不幸なる女の心情」に思いを馳せることはなかったのだろうか。この時、荷風散人74歳。

1919（大正8）年12月、小説『花火』で「大逆事件」について触れ、

「明治四十四年慶応義塾に通勤する頃、わたしはその道すがら、折々市ヶ谷の通りで囚人馬車が五、六台も引き続いて日比谷の裁判所の方へ走って行くのを見た。わたしはこれまで見聞した世上の事件の中で、この折程いうにいわれない厭な心持のした事はなかった。わたしは文学者たる以上この思想問題について黙していてはならない。小説家ゾラはドレフュース事件について正義を叫んだため国外に亡命したではないか。しかしわたしは世の文学者とともに何もいわなかった。わたしは何となく良心の苦痛はたえられぬような気がした。わたしは自ら文学者たる事についてはなはだしき羞恥を感じた。以来わたしは自分の芸術の品位を江戸戯作者のなした程度まで引き下げるに如《し》くはないと思案した。その頃からわたしは煙草入をさげ浮世絵を集め三味線をひきはじめた。わたしは江戸末代の戯作者や浮世絵師が浦賀へ黒船が来ようが桜田御門で大老が暗殺されようがそんな事は下民の与り知った事ではない― 否とやかく申すのは却て畏多い事だと、すまして春本や春画をかいていたその瞬間の胸中をばあきれるよりはむしろ尊敬しようと思立ったのである」と書いた荷風はどこに行ってしまったのか。長生きも考えものである。もっとも、「荷風日記」には、軍部、官僚の愚劣さに対する批判はあるが、天皇制に対する批判は全く「記されて」いない。

ずっと後だが、『レイテ戦記』の著者大岡昇平は、「敗残兵」としての矜持から文化勲章の拝受を「辞退」した。

Ⅲ 日本・韓国・中国

韓国大法院徴用工判決に思う

歴史問題の解決に求められる加害者の慎みと節度

戦時中、日本製鉄（現新日鉄住金）で強制労働させられた韓国人元徴用工が同社に損害賠償を求めた裁判で、韓国大法院は同社に賠償を命じる確定判決を出した（2018年10月30日）。その後、三菱重工に対しても、同様な判決がなされた。判決に対する日本社会の反応はおおむね批判的だ。1965年の日韓請求権協定で決着済みであり、判決は国家間の合意に反するとの声がしきりである。

植民地支配と向き合う

国家間の合意というが、前記判決が指摘するように、その合意の範囲に本件で問題となっている植民地支配の清算はなかった。植民地支配の清算のような歴史問題の解決には加害者が加害の事実と責任を認め、謝罪することが不可欠だ。だが、ヴェトナム戦争の泥沼に喘いでいた米国の強い要求下で締結された日韓請求権協定ではそれが一切なかった。当時の椎名悦三郎外務大臣は、1965年11月19日、参議院本会議で、協定による有償・無償5億ドルについて、賠償ではなく「独立祝い金」だと答弁した。次に、これまた判決の指摘する処だが、国家の請求権と個人の請求権は別であり、放棄されたのは国家の外交保護権であり、日韓請求権協定は個人の請求権には及ばない。この外交保護権の放棄論は、原爆訴訟【註】以降の日本政府の見解であったはずだ。

１９９１年８月27日、衆院予算委員会で柳井俊二外務省条約局長（当時）は、日韓請求権協定の「両国間の請求権の問題は完全かつ最終的に解決した」の解釈について「これは日韓両国が国家として持っております外交保護権を相互に放棄したと云うことでございます。したがいまして、いわゆる個人の請求権そのものを国内法的な意味で消滅させたというものではございません。日韓両国間で政府としてこれを外交保護権行使として取り上げることが出来ない。こういう意味でございます」と答弁している。【註】で述べているように、この外交保護権の放棄論は、日本政府が自国民に対する賠償責任を免れるために言いだしたものだ。

韓国大法院の判決についても同様だ。アジア・太平洋戦争の最中、連合国をして、「朝鮮人民の奴隷状態に留意し、やがて朝鮮を自由独立なものにする決意を有する」（カイロ宣言）と言わしめた日本の植民地下での強制労働の実態（判決は過酷な労働の実態について詳細な認定をしている）およびそれに対する謝罪と補償の欠如を直視すれば、「国家間の合意」による解決済み論とはまた別な論も導き出される。韓国大法院判決を街頭演説で「暴挙」と激しく批判し、韓国大統領府から「最近、一連の日本の政治的な行動は非常に不満足で、遺憾だと申し上げなければならない」（２０１８年11月７日、『朝日新聞』夕刊）と批判された河野太郎外務大臣は、前記外務省条約局長の答弁を理解していない。12月４日、韓国外交省当局は「韓日間には法的に解決できない道徳的、歴史的な背景がある。問題を度外視する態度は望ましくない」と述べた（12月5日『朝日新聞』）。

歴史問題の解決において被害者の寛容を求めるには、加害者の慎みと節度が必要不可欠だ。

１９９８年10月８日、小渕首相と金大中大統領は、日韓共同宣言を発した際に、小渕首相は、今世紀の日韓両国関係を回顧し、我が国が過去の一時期韓国国民に対し植民地支配により多大の損害と苦痛を与えたという歴史的事実を謙虚に受けとめ、これに対し痛切な反省と心からのお詫びを述べた。

金大中大統領は、かかる小渕総理大臣の歴史認識の表明を真摯に受けとめ、これを評価すると同時に、「両国が過去の不幸な歴史を乗り越えて和解と善隣友好協力に基づいた未来志向的な関係を発展させるためにお互いに努力することが時代の要請である旨」を表明した。

また両首脳は、両国民、特に若い世代が歴史への認識を深めることが重要であることについて見解を共有し、そのために多くの関心と努力が求められることを強調した。

今回の韓国人徴用工問題もこの精神に沿って、解決されるべきものだ。

中国人強制連行・強制労働

強制労働問題は韓国人だけでなく中国人についてもあった。アジア・太平洋戦争の長期化の中で、１９４２年、東条英機内閣は中国大陸から中国人を日本国内に連行し、鉱山、ダム建設現場などで労働させることを企て、「華人労務者移入に関する件」を閣議決定した。これに基づき1944年8月から翌45年5月までに3万8935人の中国人を日本に強制連行し、135の事業場で強制労働させた。過酷な労働により、日本の敗戦に至るまでの間に6830人が亡くなった。

強制連行された中国人のうち、986人が秋田県大館市の花岡鉱山に在った鹿島組（現在の鹿島建設㈱の前身）花岡出張所に配置された。彼らは花岡川の改修工事などに従事させられたが、ろくな食事も与えられないままに苛酷な労働を強いられて、次々と倒れていった。このような奴隷労働に耐え切れなくなった彼らは、遂に1945年6月30日「暴動」を起こすにいたった。

このような絶望的な蜂起はたちまちの

文化　秋田さきがけ　2018年(平成30年)11月14日　水曜日

韓国大法院の判決を受けて

戦後補償 解決への道

求められる慎みと節度

花岡、西松、三菱マテの和解に学ぶ

内田　雅敏

深化する和解内容

花岡事件と戦後和解

「秋田魁」2018.11.14

うちに憲兵隊、警察によって鎮圧され、彼ら中国人はさらに厳しい拷問を受けた。この鎮圧とその後の拷問の中で100人以上の者が殺された。これが「花岡事件」と呼ばれるものである。結局、鹿島組花岡出張所では強制連行されてから、日本の敗戦に至るまでの1年未満の間に、強制連行された者の約半数に相当する418人が死亡している。

この死亡率は他の事業所と比べ異常に高い。筆者らが米国の公立公文書館で発見した「鹿島組華人労務者暴動状況ノ件」と題する報告書（1945年7月20日）がある。花岡暴動の原因について調査を命じられた当時の仙台俘虜収容所長から情報局宛になされた同報告書は、「花岡暴動」の原因、動機として労務加重、食糧不足、労賃の未払いと並んで「華人ヲ取扱フコト牛馬ヲ取扱フ如クニシテ作業中停止セバ撲タレ部隊行進中他ニ遅レレバ撲タレ彼等ノ生活ハ極少量ノ食糧ヲ与エラレ最大の要求ト撲ラレルコトノミト言フモ過言ニアラズ」と記している。

これらの資料は鹿島組花岡出張所での強制労働がいかに苛酷であったかを物語っている。日本の敗戦によりこの「花岡事件」は連合国の知るところとなり、横浜のBC級戦犯裁判で当時の鹿島組花岡出張所長、大館警察署長らが戦争犯罪人として裁かれ、6名に対し絞首刑を含む厳しい判決が下された（しかし、その後、絞首刑は無期に減刑されるなどし、結局1955年までには全員が釈放された）。

日本の敗戦後、これらの受難者・遺族に対する日本国家・使役企業からの謝罪、賠償はなされなかった。1972年の日中共同声明で中国側の賠償請求権は放棄されており、日韓請求権協定と同様、「国家間の合意」により解決済みと強弁されてきたのだ。

中国人強制連行・強制労働問題に関しては中国側受難者・遺族およびそれを支える日本側支援者の裁判闘争を含む長年にわたる闘いの結果、2000年の花岡事件（鹿島建設）和解、2009年の西松建設和解（新潟県内の事業所分は翌年和解）、2016年の三菱マテリアル和解などが成立した。花岡和解があったから西松和解が成立した。三菱マテリアル和解は、前2つの和解があったからこそ成立した。前の和解を教訓とし、不十分さを克服し、より良いものとしてきた。

花岡和解

2000年11月29日、東京高裁で成立した中国人強制連行花岡事件和解は、国の責任が未解決等この問題についての最終的解決ではなかったが、「戦後処理の大きな一里塚」（11月30日、『朝日新聞』社説）、「歴史はきちんと伝えたい」（『毎日新聞』同）、「かくて宿題が残った」、「『補償問題はサンフランシスコ条約と二国間条約で解決済み』という日本政府の主張はもはや通じない」（東京新聞同）等々の新聞報道にも見られるように、次の解決――企業と国が各々50億マルクずつ出し合い、記憶・責任・未来基金を作りあげたドイツ――に向けてのステップとして歓迎された。

1999年9月、和解の提案をした裁判所は、その後数回に亘って、原告、被告双方の意向を打診した上で、２０００年4月21日、「いわゆる戦後補償の問題解決にはいろいろな困難があり、立場の異なる双方当事者の意向をたやすく一致し得るものでないことは事柄の性質上やむを得ないところがあると考えられる」「本件が和解によって解決を見ることとの意義は、社会的、歴史的にみて判決によった場合のそれと比して数倍の価値があると思われる。当事者双方ともその意義を改めて認識し裁判所の意のあるところを汲んで、共同発表からちょうど10年、西暦２０００年という記念すべき年に当たって賢明な決断をされるよう切に願う次第である」と述べ、鹿島建設が中国人受難者・遺族に金5億円の拠出をし、基金を創設する和解案を呈示した。和解案が、１９９０年7月5日、生存者・遺族と鹿島建設㈱とがなした共同発表――「中国人が花岡鉱山出張所の現場で受難したのは閣議決定に基づく強制連行・強制労働に起因する歴史的事実であり、鹿島建設株式会社はこれを事実として認め企業としても責任があると認識し、当該中国人生存者及びその遺族に対して深甚な謝罪の意を表明する」――の再確認から出発したのは当然であった。

筆者らは4月末中国に飛び、生存者・遺族ら関係者に裁判所から提示された和解案について説明した。その結果、生存者・遺族らは、和解案を受け入れることとした。

受け入れを決定するに当たり、父親を花岡の地で亡くした楊彦欽氏が「この件ではこれまで何十回となく会議をして来た。しかし、今回の会議が一番うれしい」と述べるのを聞いたとき筆者は本当に嬉しかった。

鹿島建設は、和解金が5億円という金額に不満であったが、それ以上に同じ問題を抱える同業他社に対する配慮もあったのだろう、なかなか和解に応じなかった。しかし新村正人裁判長は、粘り強く鹿島建設を説得し、和解による解決を投げ出さなかった。和解が成立したのが同年11月29日だが最終的な局面では故土井たか子氏、故後藤田正晴氏らの剛腕という陰の助力もあった。

和解成立に際して、裁判所は以下のような所感を述べた。

「本日ここに、『共同発表』からちょうど10年、20世紀がその終焉を迎えるに当たり、花岡事件がこれと軌を一にして和解により解決することはまことに意義のあることであり、控訴人らと被控訴人との間の紛争を解決するというに止まらず、日中両国及び両国国民の相互の信頼と発展に寄与するものであると考える。裁判所は、当事者双方及び利害関係人中国紅十字会の聡明にしてかつ未来を見据えた決断に対し、改めて深甚なる敬意を表明する」「控訴審である当裁判所は、（中略）控訴人らの被った労苦が計り知れないものであることに思いを致し、被控訴人もこの点をあえて否定するものではないであろうと考えられることからして、裁判所は当事者間の自主的折衝の貴重な成果である『共同発表』に着目し、これを手がかりとして全体的解決を目指した和解を勧告するのが相当であると考え、平成11年9月10日、職権をもって和解の勧告をした」と「共同発表」の精神こそが今般の和解の基本であると述べた。そして、「裁判所は、和解を勧告する過程で折に触れて裁判所の考え方を率直に披瀝し、本件事件に特有の諸事情、問題点に止まることなく、戦争がもたらした被害の回復に向けた諸外国の努力の軌跡とその成果にも心を配り」と述べ、かつての「同盟国」ドイツにおける強制連行・強制労働の被害者に対する取組なども考慮したことを明らかにし、本件のような戦争被害の解決のためには、裁判所としても「従来の和解の手法にとらわれない大胆な発想により」「花岡事件についての全ての懸案の解決を図るべく努力を重ねてきた」と述べ、裁判所の示した和解案は「まさにこのような裁判所の決意と信念のあらわれである」とまで述べた。聞く者の心を打つ、実に格調の高い「所感」である。「所感」はこの種の戦後補償の問題について司法が余りにも消極的である——第1審判決はその典型例であった——ことによって失われつつあった司法に対する信頼を呼び戻すものでもあった。

西松建設広島安野和解

2004年7月9日、控訴審である広島高裁は、広島安野中国人受難者・遺族らからの請求を認容し西松建設に受難者らに対し、各金550万円の支払いを命ずる判決をなした。

しかし、西松建設からの上告を受理した最高裁第二小法廷は、広島高裁が認定した受難者らの被害事実をそのまま踏襲した上で、「前記事実関係にかんがみて本件被害者らの被った精神的・肉体的な苦痛は極めて大きなものであったと認められる」と述べながらも、受難者らの請求権は、1972年の日中共同声明第5項に「中華人民共和国政府は、中日両国国民の友好のために、日本国に対する戦争賠償の請求を放棄することを宣言する」とあることから、「日中戦争の遂行中に生じた中華人民共和国の国民の日本国又はその国民若しくは法人に対する請求権は、日中共同声明5項によって、裁判上訴求する機能を失ったというべきであり、そのような請求権に基づく裁判上の請求に対し、同項に基づく請求権放棄の抗弁が主張されたときは、当該請求は棄却を免れない」と受難者らの請求を棄却した。裁判上での請求はなし得ないが、請求権そのものが失われたと言っているのではなく、その意味では日韓請求権協定に関する日本政府の見解、すなわち外交保護権であって、請求権そのものが消滅したものではないとする見解と同様であり、また韓国大法院の判決理由とも同じである。

そして、最高裁第二小法廷判決は、続けて以下のようにも述べた。

「なお……個別具体的な請求権について債務者側において、任意の自発的対応をすることは避けられないところ、本件被害者らの蒙った精神的・肉体的苦痛が極めて大きかった一方、上告人（西松建設）は前述したような勤務条件で中国人労働者らを強制労働に従事させて相応の利益を受け、更に前記の補償金を受領しているなどの諸般の事情にかんがみると、上告人を含む関係者において、本件被害者らの被害の救済に向けた努力をすることが期待されるところである」

新生西松建設の近藤晴貞新社長はこの付言を受けて和解を決断した。

三菱マテリアル社の決断

三菱マテリアル社の前身三菱鉱業株式会社は、美唄炭鉱（北海道）289人、大夕張炭鉱（同）292人、尾去沢鉱山（秋田）498人、勝田炭鉱（福岡）352人、飯塚炭鉱（同）189人、高島炭鉱新坑（長崎）205人、同端島坑204人、同崎戸坑436人、槇峰鉱山（宮崎）244人の9事業所に計2709人を強制連行し、強制労働させた。長崎市の端島海底炭鉱はその異形な形から「軍艦島」として有名である。同社はその他にも下請として、大夕張・地崎組（北海道）388人、雄別・土屋組（同）253人、美唄・鉄道工業（同）415人、併せて、3765人を強制労働させた。その内、日本の敗戦までに722人（船中死亡11人含む）が亡くなった。

戦争被害の「和解」のためには、①加害者が加害の事実と責任を認め謝罪する、②謝罪の証しとして和解金を支給する、③同じ過ちを犯さないよう歴史教育、受難碑の建立、追悼事業などを行う、の3つが不可欠だ。

三菱マテリアル社和解に際し、同社代表は北京に出向き、受難生存労工に対し「弊社は3765名の中国人労働者をその事業所に受け入れ、劣悪な条件下で労働を強いた」「弊社は当時の使用者としての歴史的責任を認め、中国人労働者およびその遺族の皆様に対し深甚なる謝罪の意を表する」と述べた。

そして受難者・遺族に一人当たり10万元（約160万円）の和解金を支給し、さらに「二度と過ちを繰り返さないため記念碑の建立に協力し、この事実を次の世代に伝えていくことを約束する」として、事業場等での「受難の碑」建立、中国からの受難者・遺族を招いての追悼事業（各費用は和解金とは別途支給）を約束した。中国人受難者らは、同社の和解の決断に敬意を表し、同じ問題を抱える他の企業および日本国家が同社に倣い早急に問題解決に当たるよう呼び掛けた。

和解成立後、生存受難者11人に前記謝罪と和解金が届けられた。現在、中国政府機関の協力も得て、日中平和友好条約40周年の本年中に、三菱マテリアル社、受難者・遺族らで構成する基金を設立し、遺族らに対する和解金の支給等和解事業を始動させるべく関係者間で最後の詰めがなされている。

花岡、西松広島での追悼事業

歴史問題の和解は、和解金の支払いによって終了ではない。和解事業を進め、和解の中身をさらに深め豊かにすることが大切だ。

花岡事件の現地、秋田県大館市では毎年6月30日、中国大使館からの参加も得て、市主催の中国人殉難者慰霊式を行い、また地元支援者らによって花岡平和記念館が建設された。

西松建設和解では、西松建設、中国人受難者・遺族および地元支援者らによって、強制労働の現地に「中国人受難之碑」が建立された。

碑の裏面には、中文、日文で以下のように刻まれた。

第二次世界大戦末期、日本は労働力不足を補うため、１９４２年の閣議決定により約４万人の中国人を日本の各地に強制連行し苦役を強いた。広島県北部では、西松組（現・西松建設）が行った安野発電所建設工事で３６０人の中国人が苛酷な労役に従事させられ、原爆による被爆死も含め、29人が異郷で生命を失った。

１９９３年以降、中国人受難者は被害の回復と人間の尊厳の復権を求め、日本の市民運動の協力を得て、西松建設に対して、事実認定と謝罪、後世の教育に資する記念碑の建立、しかるべき補償の3項目を要求した。以後、長期にわたる交渉と裁判を経て、２００９年10月23日に、３６０人について和解が成立し、双方は新しい地歩を踏み出した。西松建設は、最高裁判決（２００７年）の付言をふまえて、中国人受難者の要求と向き合い、企業としての歴史的責任を認識し、新生西松として生まれ変わる姿勢を明確にしたのである。

太田川上流に位置し、土居から香草・津浪・坪野に至る長い導水トンネルをもつ安野発電所は、今も静かに電気を送りつづけている。こうした歴史を心に刻み、日中両国の子々孫々の友好を願ってこの碑を建立する。

２０１０年10月23日

安野・中国人受難者及び遺族
西松建設株式会社

加害と受難の歴史を記憶するためのものだ。碑の両脇には受難者360名の名を刻んだ小碑が配されている。

碑の建立には地元安芸太田町、中国電力など各方面の協力があった。西松安野友好基金は、中国人受難者・遺族の方々を順次追悼式にお招きし、地元の町長らの参加も得て交流している。ささやかな日中民間交流だ。来日した受難者・遺族らは、毎回、追悼式終了後、強制労働の現場を巡り、改めて、過酷な労働を強いられた当時に思いを馳せるとともに、翌日には原爆資料館を見学し、原爆被害の凄まじさに想像力を働かせ、慰霊碑に献花している。追悼式の中では様々なエピソードもあった。建設当時の発電所が現在も稼働していることを知った遺族の一人が、「父たちが作った、この発電所を、末永く使ってほしい」と案内の中国電力の担当者に話しかけ、担当者は即座に「はい、大事に使わせていただきます」と答えたという。和解事業として行われる追悼式、原爆資料館見学などの活動は、草の根の日中友好運動の一端を担うものである。「このような活動を続けることによって、やがて『受難の碑』は『友好の碑』となるであろう」と、ある受難者遺族が語ってくれたことが忘れられない。

三菱マテリアル和解でも同様な和解事業が遂行されるはずだ。それは日中間の緊張緩和に貢献する。

ドイツ型基金の設立による解決

戦争の被害は甚大であり、そのすべてを賠償することは不可能だ。植民地支配による被害の賠償も同様だ。しかし、真摯に詫びる気持ちがあるかどうか、ささやかであっても、前記戦争被害和解の3つの原則がなされるならば、被害者の慰藉が得られる可能性もあり、引いてはそれが未来に向けての友好へと発展する。花岡、西松和解などの和解事業を遂行する中でそのことを実感した。韓国人徴用工に対する「賠償」は、中国人の場合と比較し、期間も長く、その対象者の数が圧倒的に違う。一企業では担い切れないかもしれない。

そこで考えられるのが2001年になされたドイツ型解決である。2001年夏、ドイツでは国家が約50億マルク、強制労働させた、ベンツ、フォルクスワーゲンなどの企業が約50億マルク、合計100億マルク（当時の日本円で約5200億円）を拠出し、「記憶・責任・未来」基金を設立し、ナチス時代に強制連行・強制労働させられた約150万の人々に対する補償を為すこととし、2007年にその任を終えた。韓国政府も徴用工問題の解決を模索し、日本の拠出企業、請求権協定で、資金支援を受けた韓国企業および日韓両政府を加えた4者による基金の設立、さらにはその変形の3者案（当面は日本政府の参加なしで発足）などが検討されているという。解決済み論に立つ日本政府はこれらの提案に全く耳を貸さない。

トランプ米大統領の言いなりに莫大な税金を使用して、イージスアショア等の兵器を買うより、はるかに少ない金額で、近隣諸国との間での安全保障を実現することが出来る。２００１年ドイツの国防軍改革委員会報告書の冒頭には「ドイツは歴史上はじめて隣国すべてが友人となった」と書かれている。

２０１８年11月13日の『朝日新聞』朝刊を見て驚いた。第一次世界大戦終結から１００年に合わせ駐日独仏両大使が連名で寄稿文をよせ、「フランスとドイツは戦争の苦しみを知っているからこそ、過ちを繰り返さないよう、両国間の一層緊密な友好関係を促進させることに決然と取り組んでいるのだ」と語っている。地政学的な違いのあることを認めつつも、いつか北東アジアでもこのような関係性を創り出したい。

【註】外交保護権の放棄であって、個人の請求権は放棄されていないという日本政府の見解はどこから導き出されたか。戦争被害を巡る日本国民からの賠償請求は、戦時中、カナダに有していた資産を凍結、没収された日本人が、戦後、サンフランシスコ平和条約第14条によって、カナダ政府への賠償請求がなしえなくなったことから、日本国憲法29条3項に基づき、個人御財産を公の為、すなわち日本国に対する連合国からの賠償請求免除の為に使用したとして、日本国政府に賠償を求め

たケースが最初だ。政府は、戦争被害は国民が等しく負わなくてはなくてはならないと答弁し、判決もこれを認容した。いわゆる「共同受忍論」だ。その後原爆の被害者から、同趣旨の賠償請求がなされたところ、政府はさすがに、「共同受忍論」を主張することは出来ず、サ条約で放棄したのは、外交保護権であり、原爆被害者の米国への損害賠償請求権そのものを放棄したのではないから憲法29条3項による賠償義務を負わないと抗弁した、裁判所は、原爆投下は国際法違反と認定したうえで、政府の抗弁を入れ、原爆被害者らからする賠償請求を棄却した。このように個人の請求権の放棄ではなく外交保護権の放棄だとする論は日本政府が憲法29条3項による賠償義務を免れるために言いだしたものである。日韓請求権協定でも、韓国における日本国民の「在外資産」の放棄による日本政府に対する賠償請求が起こる可能性があった。韓国大法院判決に於ける少数説（反対説）は、外交保護権放棄論は日本政府が責任を免れるために言いだしたものであると指摘している。

「日韓合意」は慰安婦問題の最終的解決でなく出発点
合意を日韓民衆間の不信連鎖の罠としてはならない

日韓合意は米国の強い意向が背景にある

2015年12月28日、慰安婦問題に関する「日韓合意」成立後、安倍首相は、記者団に、「最終的、不可逆的な解決を（戦後）70年の節目にすることができた。子や孫、その先の世代に謝罪し続ける宿命を負わせるわけにはいかない」と強調した（2015年12月29日読売新聞）。また同日、安倍昭恵首相夫人は、自身のフェイスブックで、靖国神社に参拝したことを明らかにした。「日韓両政府が慰安婦問題で合意した当日の参拝表明については、『首相の強い支持層である保守系に配慮したのでは』との観測もある」（前同）。等々から明らかなように、安倍晋三が、近・現代における日本の戦争は西欧列強からアジアを解放するための「聖戦」であったとする靖国史観に依拠する歴史修正主義者である事実は全く変わっていない。

今回の「合意」は米国の強い「指導」に依るものであることは明らかである。「オバマ政権は韓国に対し、歴史問題にこだわるばかりでは日米韓の共助体制が崩れていくと批判した。一方で、戦時下の女性に対する性暴力は深刻な人権侵害だとして日本側に慰安婦問題の解決を迫った」（2015年12月29日東京新聞社説）。12月28日、ケリー米国務長官は、「米国の最も重要な同盟国である日韓両国の和解を促し、改善につながると信じている」と早々と支持表明し、さらに「国際社会に対し今回の合意を支持するよう呼びかける」と訴えた（2015年12月30日、『毎日新聞』）。ライス大統領補佐官（国家安全保障問題担当）も同趣旨の声明を発した。2人の米政府高官が「国際社会の支持」に言及したのは、「日韓関係改善への期待感を示すとともに、合意が履行されるように外堀を埋める狙いがある」（前同『毎日新聞』）と解される。

50年前、1965年の日韓請求権協定（日韓国交回復条約）締結が、泥沼化したベトナム戦争の負担に苦しむ米国の介入によってなされたのと全く同じ構造である。今回は、北朝鮮の核問題、中国の海洋進出という「脅威」に対抗するためには、日韓が互いにそっぽを向きあっている現状は好ましくないとする米国の憂慮が原動力となった。慰安婦問題の「解決」と沖縄辺野古の米軍新基地建設を迫る米国の要求はサンフランシスコ講和条約（1952年）体制の維持強化、それからの逸脱は絶対許さないという米国の強い意思の現れである。対米従属という括弧付のナショナリスト安倍晋三は、この米国の意思に抗することはできない。

今回の日韓合意は、国家間の合意であり、そこでは慰安婦とされた被害者たる女性たちの声が十分に考慮されたかどうかが見えず、きわめて不十分なものであることは否めない。当事者たち、そして日韓の支援者たちからの厳しい批判は当然である。

しかし、それでも「日本政府」をして、慰安婦問題について「当時の軍の関与のもとに多数の女性の名誉と尊厳を深く傷つけた問題であり、日本政府は責任を痛感している」（岸田外務大臣）と言わせ、さらに「安倍首相は慰安婦としてあまたの苦痛を経験され、心身にわたり癒しがたい傷を負われたすべての方々に対し、心からのお詫びと反省の気持ちを表明する」と述べさせた（前同）のであるから、その意味には大きなものがある。安倍晋三個人としては、否定したくてしかたがなかった慰安婦問題についての１９９３年河野官房長官談話（後述する）を日本の内閣総理大臣としてその大筋において認めざるを得なかったのである。それにしても安倍首相は岸田外相の口を借りてでなく、何故自から「慰安婦としてあまたの苦痛を経験され、心身にわたり癒しがたい傷を負われたすべての方々に対し、心からのお詫びと反省の気持ちを表明する」と言わないのか。日韓合意のその日に、妻をして靖国神社参拝を明らかにさせるのか。誠に真実味のない人物である。

安倍支持者たちの困惑といら立ち

「韓国は『不可逆的解決を』を守れ 少女像の撤去も重要な試金石だ」（12月29日、読売新聞社説）、「本当にこれで最終決着か 韓国側の約束履行を注視する」（同産経新聞社説）等々、今回の日韓合意についいて安倍周辺の驚きといら立ちは大変なものがある。12月31日付け『朝日新聞』によれば、日韓合意が報じられた28日午後以降、安倍首相のフェイスブックには、「完全に幻滅した」、「期待していたのにがっかり」、「今後は何があっても支持できません」といった批判的なコメントが相次いで投稿され、「日本の心を大切にする」党の中山恭子代表は「安倍外交の最大の汚点となると考えられ、大いなる失望」を表明したという。安倍政権を支持していた「頑張れ日本！全国行動委員会」は、29日、首相官邸前で抗議行動を行った。彼らの不満は、本年（２０１５年）8月14日、安倍政権が発した、何を言っているかさっぱりわからず「何のために出したのか」（『朝日新聞』社説）と言われた、あの無様な「戦後70年談話」に際してもくすぶっていたが、同談話中の「あの戦争には何のかかわりのない子や孫、そしてその先の世代の子どもたちに謝罪を続ける宿命を負わせてはなりません」の語句を取り上げるなどして、かろうじてその不満を押し殺して来た。自分たちにとって不都合な部分は、見ないふりをしてきたのである。しかし、今回の日韓合意については、さすがに彼らも見て、見ないふりをすることが出来なかった。

産経新聞などは、「日本政府は在ソウル日本大使館前などに設置された慰安婦像の撤去など、問題解決に向けた韓国の具体的な行動を確認した上で、財団への拠出を執行しても遅くはない。慰安婦問題で日本は韓国に裏切られてきた。『未来志向』という言葉に惑わされ、失敗を繰り返してはいけない」とまで言う（同12月29日）。稲田知美自民党政調会長も28日「韓国政府が少女像の撤去を含め速やかに具体的、かつ真摯な対応をとることを求める」とコメントし、さらに、「日本としては今まで通りの法的立場と事実についての主張は続けるべきだと考える」とした（12月

31日『朝日新聞』)。

「少女像」が何故設置されたか。それは日本側がこの問題に真摯に向き合って来なかったからである。今回の日韓合意を10億円の拠出と「少女像」の撤去に矮小化してはならない。

歴史問題の解決のためには、被害者の「寛容」が必要だが、その「寛容」を得るためには、その前にまず、加害者(もちろん、その子孫をも含めて)の「慎みと節度」が不可欠である。本件当時生まれていなかった、あるいは生まれていたが、そのような事実を知らなかった人々の責任については常に議論となる。知らなかった人々も、知った後、それが解決されず、放置されてきたことに対する責任は免れない。

安倍首相が、元慰安婦の方々に対し、本当に「心からのお詫びと反省の気持ち」を持つならば、それ以上余計なこと、「子や孫、その先の世代に謝罪し続ける宿命を負わせるわけにはいかない」等とは言わないことだ。

私たちは、2004年3月1日、「3・1独立運動」の記念式典で、当時の盧武鉉韓国大統領が述べた、「日本はもう謝罪した。これ以上謝罪する必要はない。謝罪に見合う行動をしてほしい」を胆に銘じなくてはならない。日本の戦後は、謝罪と「植民地支配は正しかった」といった類の妄言の繰り返しであったが、今回の日韓合意がそうならないことを願う。

2016年1月14日、自民党の桜田義孝元副文科相が自民党国際情報検討委員会などの合同部会で、慰安婦に関して「職業としての娼婦だ。これを犠牲者のような宣伝工作に惑わされ過ぎている」と発言した。（2016年1月15日、『毎日新聞』）。批判されて撤回したが、同発言について、安倍首相は翌日参院予算員会で、「日本にも韓国にもいろいろな意見があることは事実だ。しかし、これを乗り越えて、日韓両国政府は最終的かつ不可逆的に解決することに合意した」、「様々な発言そのものを封じることはできないが、政府関係者や与党関係者はこのことを踏まえて今後は発言していただきたい」と述べた（同年1月16日、『朝日新聞』）。何と不誠実な答弁であるか。《いろいろな意見を乗り越えて》などとあいまいな言い方でなく、何故、もっとしっかりと桜田元副文科相の発言は間違っていると批判しないのか。

慰安婦の実相

先ごろ亡くなった「ゲゲゲの鬼太郎」などの妖怪漫画作家の水木しげる氏は先の戦争中、ニューギニアの戦場で爆撃により左腕を失い、餓死の境界を彷徨《さまよう》という苦労をしたが、かろうじて生還した。『水木しげるのラバウル戦記』（1997年、ちくま文庫）に慰安婦について以下のような記述がある。

上陸した頃は、ココボはまだ陸軍の基地で、たしか103兵站病院もあり、従軍慰安婦もいた。彼女たちは「ピー」と呼ばれていて、椰子林の中の小さな小屋に1人ずつ住んでおり、日曜とか祭日にお相手をするわけだが、沖縄の人は「縄ピー」、朝鮮の人は「朝鮮ピー」と呼ばれていたようだ。彼女たちは徴用されて、無理やり連れてこられて、兵隊と同じような劣悪な待遇なので、見るからにかわいそうな気がした。

「兵隊と同じような劣悪な待遇」、兵隊は命を捧げることを強制され、慰安婦は、性を捧げることを強制されるということか。水木しげる氏は以下のようにも記述している。

ピー屋に行ってもいいという命令が出た。早速行ってみると、なんと長い行列ではないか。これは何かの間違いではないかと観察すると、行列は小さい小屋まで連なっている。そういう小屋が6つばかりあり、何れも50人くらい並んでいる。やる方も必死だが、こうなるとやられる女の側は下手すると死ぬのではないかと思った。50人もいるとすると終わりは何時になるか分からない。2、3時間待ったが、行列の人数は少しもへらない。初年兵2、3人で行ったがあまりの行列にやめようということになり近くの土人部落に行った。

水木しげる氏の記述はその深刻な内容にもかかわらず、どこか「ブラックユーモア」も感じられるが、日本軍が従軍慰安婦を伴っていたことは、軍隊経験者の間では衆知のことであり、文学作品などでもよく取り上げられて来た。

例えば、田村泰次郎の戦後初期作品『蝗』（1960年、新潮社）は、想定以上の戦死者によって、足らなくなった白木の箱と、5人の朝鮮人慰安婦をその抱え主と共に軍用列車で前線に送る任務を命ぜられた古参の軍曹（原田）の話であるが、こんな記述もある。

汽笛も聞こえないで、突然、がたん、がたん、と、2、3回、大きな振動があって、列車が急停車したようだ。聞き馴れぬ人声が、はなれたところに聞こえた。しばらくすると原田たちのいる車輌のすぐそとで、大きな叫び声がした。
「おーい、女たち、降りろー　どこにいるのか出てこいっ」
酒に酔っているらしい。どこか舌のもつれた、だみ声である。（略）
「こらーっ、出てこいったら出てこんか。チョウセン・ピーめ」
機嫌を悪くした猛獣が檻のなかで、身体ごと自分を檻にぶつけるような、どすん、どすんという重々しいひびきが、鉄の車輛につたわった。（略）
「自分たちは、石部隊の者です。この車輛のなかには、前線にいる自分たちの部隊へ輸送する遺骨箱が載っているだけであります」

風の唸り声に、原田の声はかすれて吹きちぎれた。

「嘘をいうな。前から八輛目の車輛のなかには、五名のチョウセン・ピーが乗っていることはわかっているんだ。新郷から無線連絡があったんだ。命令だ。女たちを降ろせといったら、降ろせっ」

酔っぱらい特有の、テンポの狂ったねちっこい語調で、そう叫びながら、将校は腰から刀を抜いた。刀身は腐りかけた魚腹のように、きらりと鈍く光った。

「女たちは石部隊専用の者たちです」

「なにっ。文句をいうな。なにも、減るもんじゃあるまいし、ケチケチするな。新郷でも、散々、大盤振る舞いをしたそうじゃないか。何故、俺のところだけ、それをいけないというのか」

「しかし――」

「しかしも、くそもない。いやならここをとおさないだけだ。いいか。分かったな。通行税だ。気持よく払って行け」

ここへくるまでに、開封を出発してまもなく、新郷と、もう一箇所、すでに二回も、彼女たちは、引きずり降ろされていた。そのたびに、その地点に駐留している兵隊たちが、次々と、休む間もなく、五名の女たちの肉体に襲いかかった。（略）明日の自分たちの生命の保証を、誰もしてくれない運命の中に置かれた兵隊たちなのだ。束の間の短い時間のそれは、彼らが頭の中で、いつも想像し続けている豊かな、重い、熱い性とは似ても似つかぬ、もの足りぬ、不毛のものではあったが、しかし、それは彼らがこの世で味わう最後の性かも知れないのだ。飢え、渇いた、角のない昆虫のように、彼等は砂地の上に二本の白い大腿をあけっぴろげにした女体の中心部へ蝟集した。

将校は両手で、刀を頭上に振りかぶり、その大上段にかまえた二つの拳の下から

「頼む。な、兵隊たちのために、頼む」

痛切なという形容詞の、これほどぴったりとあてはまる語りかけは、ひとの一生でそれほどたびたび経験するものではない。（略）彼（原田：筆者註）の古参下士官としての嗅覚は（略）（将校の：筆者註）列車の進行阻止というその行動が、彼自身の発意ではなく、多勢の部下の突き上げによったものであることをも、感じ取っていた。原田は目の前の黒い影の後ろに、やや離れた場所に、風の唸りと、砂嵐と、闇とにへだてられて、はっきりとは見えないが、こちらのなりゆきを、身体じゅうのすべての感覚を獣みたいに鋭くはたらかせて見守っている数知れない人影を見た。それは彼の部下たちであると同時に、督戦部隊に違いない。

「おーい、みんな、おりろっ」

数分後、原田は貨車のなかへむかってどなっていた。その声のひびきは、われながら案外、

乾いて、さばさばしたものだった。

（略）

原田たちのみつめつづけている方向の闇の中から、白いものがふわりと浮きあがった。それがゆらゆらとゆれながら、次第にあざやかに色と形を見せて、近付いてきた。女たちが帰ってきたのだ。白いものは、女たちの裸身にまとったシュミーズである。

「どうした？　おい、大丈夫か」

女たちをここまで送りとどける、一名の兵隊の姿も見当たらない。女たちは原田たちのそばへたどりつくのが、精いっぱいらしく、よろめく足もとで、砂を踏み、前のめりの姿勢で、宙を泳いでくる。

河野官房長官談話にいたる経緯

『蝗』は、前記『水木しげるのラバウル戦記』と異なり、創作である。しかし本作は、筆者田村泰次郎自身が『蝗』で描かれた「大陸打通作戦」【註】に「石」部隊の一員として従軍した体験に基づいて書かれたものであることを考えたとき、軍隊、そして慰安婦の実相を描写したものとして理解できる。『蝗』には、行軍中に地雷を踏んで右足を失った慰安婦を原田軍曹が患者収容所に連れて行くことを衛生下士官に依頼したところ、断られ、車両部隊の隊長に彼女の移送を依頼するが、「廃品はどんどん捨てて行くんだ」と断られ、結局彼女を独り残して次の目的地に出発してしまったこと、米軍機の空襲を受けるなど苦難に満ちた旅程の末、原田軍曹が生き残った2人の慰安婦と共にようやく兵団司令部に到着し、その旨、高級副官に復命したところ、「1万の兵隊に2名じゃ、どうするんだ」と怒鳴られる場面の描写などもある。

日本軍の全てが『蝗』、あるいは上海から南京攻略戦までを描き、発禁となった『生きている兵隊』（石川達三）のような兵士たちであったわけではないとは思う。いや思いたい。しかし、これらの書が日本軍の抱えていたある特殊な側面を物語っていることは否定できない。

慰安婦の問題は日本の敗戦後にもあった。連合国軍の日本占領（「進駐軍」という奇妙な名前で呼ばれた）に際して、日本政府自らが、日本の女性たちの貞操を守るため？の防波堤として、慰安婦を募集して「慰安所」を作ることにした。9月18日、内務省警備局長名で各県の長官（知事）宛に慰安婦募集の通達をなし、同月27日には大森で開業し、1000名以上の慰安婦がいたという。この開業には、当時大蔵官僚で、後に首相になる池田隼人も関与していた。

高見順『敗戦日記』1945年11月14日は以下のように書く。

世界に一体こういう例があるのだろうか。占領軍のために被占領地の人間が自らいち早く婦女子を集めて、淫売屋を作るというような例が——。支那ではなかった。南方でもなかった。懐柔策が巧みとされている支那人も、自ら支那女性を駆り立てて、淫売婦にし、占領軍の日本兵のために人肉市場を設けるというようなことはしなかった。かかる恥ずかしい真似は支那国民はしなかった。日本人だけがなし得ることではないか。日本軍は前線に淫売婦を必ず連れて行った。朝鮮の女は身体が強いと言って、朝鮮の淫売婦が多かった。ほとんどだまして連れ出したようである。日本の女もだまして南方へ連れて行った。酒保の事務員だとだまして、船に乗せ、現地へ行くと「慰安所の女」になれと脅迫する。おどろいて自殺した者もあったと聞く。自殺できない者は泣く泣く淫売婦になったのである。戦争の名のもとにかかる残虐が行われていた。

後に首相となる中曽根康弘も、戦時中、主計将校として慰安所の設営に従事したとその自伝に書いている。

1965年に締結された日韓請求権協定の際、従軍慰安婦問題が議論されなかったのは、日韓両国政府が、この人道に反する忌まわしい事実に蓋をしようとしたからであった。当時の社会情勢も被害者本人が直接声を挙げることを困難にした。彼女たちが声を挙げることができるようになったのは1980年代末、冷戦の崩壊後になってからであった。被害者本人からの直接の告発が続く中、日本政府も調査をし、前述したように、1993年8月4日、宮澤内閣の河野官房長官談話において、ようやく、

「慰安所は、当時の軍当局の要請により、設置されたものであり、慰安所の設置、管理及び慰安婦の移送については、旧日本軍が直接あるいは間接にこれに関与した。慰安婦の募集については軍の要請を受けた業者が主としてこれに当たったが、その場合も、甘言、強圧による等、本人たちの意思に反して集められた事例が数多くあり、更に、官憲等が直接これに加担したことが明らかになった。また、慰安所における生活は強制的な状況の下での痛ましいものであった」

と従軍慰安婦に国家の関与を認め、

「われわれはこのような歴史の真実を回避することなく、むしろこれを歴史の教訓として直視していきたい。われわれは、歴史研究、歴史教育を通じて、このような問題を長く記憶にとどめ、同じ過ちを決して繰り返さないという固い決意を改めて表明する」

と述べるに至ったのである。従軍慰安婦に関するこれらの事実が日本国内においてしっかりと伝えられてゆかねばならないとしたのである。

合意は最終解決でなく出発点

「歴史を越え日韓の前進を」(『朝日新聞』社説)、「慰安婦問題　日韓の合意を歓迎する」(『毎日新

聞』社説）、「『慰安婦』決着弾みに日韓再構築を」（日経新聞社説）、「『妥結』の重さを学んだ　従軍慰安婦問題で合意」（東京新聞社説　中日新聞同）、「日韓は一層歩み寄りを」（北海道新聞社説）、「誠実に履行し不信解消を」（河北新報社説）、「慰安婦で合意　確実に前進させねば」（『信濃毎日新聞』社説）、「慰安婦『解決』で合意　真の和解へ努力したい」（中国新聞社説）、「日韓外相会談　真の和解へ向けた一歩に」（西日本新聞社説）「歴史直視し和解進めたい」（長崎新聞社説）、「真の和解へ対話継続を」（琉球新報）、「『慰安婦問題で合意』関係改善の機が熟した」（沖縄タイムス社説）等々、各紙の社説に明らかなように、慰安婦問題に関する今回の「日韓合意」は、慰安婦問題の最終解決ではなく、解決に向けての出発点である。今回の「日韓合意」が、慰安婦問題の解決のためのステップとなるようにしなければならない。

その為には何が必要か。繰り返しになるが、この合意をどう実現して行くかである。日韓双方、とりわけ日本側が誠意をもって当たらねばならない。そもそも今回の「合意」は何故、文書化されないのか。歴史問題の解決のためには文書化が必要不可欠である。

日本側には「あまたの苦痛を経験され、心身にわたり癒しがたい傷を負われたすべての方々に対し、心からのお詫びと反省の気持ち」が慰安婦とされた女性達に届くよう行動することが求められている。安倍首相本人が無理ならば、しかるべき日本政府関係者が、女性達を訪問し、直接、謝罪の気持ちを伝えるべきである。彼女たちにはもうわずかな時間しか残されていない。

1970年、ワルシャワを訪問した西独のブラント首相（当時）は、ユダヤ人犠牲者の碑にひざまずいて謝罪をし、ポーランドの人々を感動させた。

安倍政権が日韓合意について、「（慰安婦）問題が最終的かつ不可逆的に解決されることを確認する」とし、しかも、この点について強調しているのは大きな間違いだと言わねばならない。

岸田外相の記者発表が安倍首相の「心からのお詫びと反省の気持ちを表明する」に続けて「韓国政府が元慰安婦の支援を目的とした財団を設立し、これに日本政府の予算で、資金を一括で拠出し、両政府が協力し、すべての元慰安婦の名誉と尊厳の回復、心の傷の癒しのための事業を行う」（傍点筆者）としていることの重さを十分理解すべきである。合意通り10億円を拠出し、それで一件落着ということであってはならない。歴史問題における加害と被害の問題は、金銭だけでは解決されないことをしっかりと理解しなくてはならない。

韓国外相の記者発表も「日本政府が表明した措置が着実に実施されるとの前提で、日本政府とともに、今後国連など国際社会において、本問題に対する相互非難・批判を自制する」、「今後、合意のフォローアップが着実に履行され、被害者の名誉と尊厳が回復され、心の傷が癒されることを心より祈念する」と述べている。韓国だけでなく、日本側、とりわけ日本政府は、「従軍慰安婦」について正しく歴史的な理解が日本国内でしっかりと浸透するような適切な措置をとるべきである。岸田外相の「当時の軍の関与のもとに多数の女性の名誉と尊厳を深く傷つけた問題であり、日本政府は責任を痛感している」、安倍首相の「あまたの苦痛を経験され、心身にわたり癒しがたい傷を負われたすべての方々に対し、心からのお詫びと反省の気持ち」を日本社会に定着させることこそが肝要である。前述したように河野官房長官談話も、

「われわれはこのような歴史の真実を回避することなく、むしろこれを歴史の教訓として直視していきたい。われわれは、歴史研究、歴史教育を通じて、このような問題を長く記憶にとどめ、同じ過ちを決して繰り返さないという固い決意を改めて表明する」

と述べている。そして今なお後を絶たない慰安婦とされた女性たちの名誉と尊厳を踏みにじるような心無い妄言に対するしかるべき措置をとることが必要である。水木しげる氏の記述や『蝗』が描いた従軍慰安婦の実相を知れば、彼女たちに対する心無い妄言など出てこないはずである。

ドイツではホロコースト（1970年代以降だが）についてはしっかりと学ばれている。このような歴史に向き合う姿勢があったからこそ欧州においてドイツへの信頼がもたらされた。日本が、韓国はじめ、アジアの諸国から信頼を得るにはこのような歴史に真摯に向き合うことが不可欠である。

合意の中身を深めよう

筆者が、今回の日韓合意について、その不十分性を認めながらも、「意義」を認め、慰安婦問

題解決のためのステップとしなければならないと主張することについては、筆者の周辺からも、いろいろ批判が寄せられることと思う。正しいことを言い続けることは大切である。しかし歴史問題は、「正しいこと」を言い続けるだけでは解決しない。また、最初から完全な解決もあり得ない。大切なことは、「正しい解決」に近い「解決」から始め、その後において、関係者間の理解を深めることによって、更に「正しい」解決に向けて尽力することではないであろうか。もちろん、このような作業は歴史修正主義者安倍晋三、及びそれを取り巻く輩達にできることではない。安倍首相は、約束通り10億円を支出したら、後は韓国の問題だと考えているふしもある。安倍首相らは、今回の日韓合意がうまくゆけば、自分の手柄、うまくゆかなくとも、その責任は朴政権にあるのであって自分にはないと思っているのかもしれない。もしかすると、安倍首相らは、密かに今回の日韓合意が壊れることを願っているのかもしれない。

筆者は、今回の合意が頓挫した時、日本国内に《韓国はこの問題について本当に解決しようとする気があるのか》というような声が上がって来るのを恐れる。すでにその兆候がある。もちろん、このような言い方は間違っているが、しかしこのような「疑い」を持つ人たちがいることを「事実」として認めなくてはならない。合意がとん挫した時、安倍首相がこの声に乗る危険性がある。すなわち、日本側は、合意内容を矮小化し、10億円を出した→合意を実行した、韓国側は、少女像を撤去しない→合意を実行しない、という具合にキャンペーンを張る恐れである。私たちには、国内外の世論を背景とし、安倍政権に今回の日韓合意の実行を迫ってゆくことが求められている。それは大変に困難な作業である。この困難な作業をせずに、今回の日韓合意の不十分性を指摘し、その批判に終始するだけで歴史を動かすことができるだろうか。

「悪から善が生まれる」という言葉がある、故鶴見俊輔が述べたと聞く。私たちは、《悪をして善をなさしめる》、すなわち《悪に善を強いる》というしたたかさも身に着けるべきではないか。日韓合意を日韓民衆間に不信の連鎖をもたらす罠としてはならない。

筆者は、これまで中国人強制連行・強制労働事件の和解解決のために活動して来たが、その過程で実感したことは、和解は「和解」の成立によって終了するのではなく、和解事業の遂行——具体的には、被害者・遺族らに対し和解を報告し、加害者からの謝罪の言葉、及び不十分ではあるがその「証し」としての和解金を届け、更に被害者・遺族を順次日本にお招きしての追悼事業など——を通じてその内容を深めることが出来るということであった。

「和解」という語を広辞苑で引くとつぎのように解説されている。

① 相互の意思がやわらいで、とけあうこと、なかなおり。

② 〔法〕争いをしている当事者が互いに譲歩しあって、その間の争いを止めることを約することによって成立する契約。示談。

本来和解というからには、①の意味が望ましいことはもちろんである。しかし今回の日韓合意による和解は②の意味である。しかし、従軍慰安婦に関する和解は歴史の清算の問題であり、その意味ではかぎりなく広辞苑にいう①に近づくものでなければならないことはもちろんである。

今回の「日韓合意」が、その遂行過程を通じて、互いに譲歩して争いをやめるという意味での「和解」から、双方が心底から理解し和解するという深まったものになることを心から願う。

追記

２０１７年3月朴槿恵大統領が弾劾・罷免され、新たに日韓合意の破棄を主張していた文在寅政権が登場した。大統領就任後、文政権は日韓合意については慎重な態度を取っていたが、日韓合意の破棄を求める団体らのからの声に抗し切れず２０１８年11月21日、日韓合意に基づく元慰安婦支援の財団を解散させた。この点について、日韓関係論の専門の国民大学李元徳教授は以下のように述べる。

「朴政権の評価と日韓合意は別なのに一緒に批判され、失敗というレッテルが貼られた、日本側の政府関係者らが『10億円支払って問題は終わった』とおわびと反省の真意を疑わせる発言を繰り返したことも韓国世論を刺激して悪循環が続いた」（２０１８年12月28日、朝日新聞）。まことにその通りである。

【註】南シナ海の制海権、制空権を失い、相次いで輸送船を沈められた日本軍は、１９４３年秋、中国大陸を南北に打通する鉄道の建設を企図し、物資のルートを確保しようとし、膨大な人力と資源を費やした。

慎みなくして寛容は得られない
あなたは韓国憲法の前文を読んだことがありますか

韓国憲法前文

韓国憲法の前文を読んだことがありますか？　韓国憲法では、建国の礎について「3・1運動によって建立された大韓民国臨時政府の法統、及び不義に抗拒した4・19民主理念を継承し」と謳っている。

「3・1運動によって……」とは、第一次世界大戦後ウィルソン米国大統領らが提唱した《民族自決》の声の高まりの中、1919年3月1日、日本の植民地支配に抗する独立宣言が京城（元ソウル）にて読み上げられ、総督府の激しい弾圧にも関わらず、それに呼応した民衆らのデモがその後も各地で繰り広げられた3・1独立運動のことを指している。この運動の結果、同年4月、上海で上海臨時政府が組織された。

「4・19民主理念」とは、独裁者であった李承晩大統領、及びその亜流である張勉内閣を打倒した1960年の学生革命（その成果は翌年5月、朴正熙の軍事クーデターによって奪われる）に関する記述だ。この「4・19民主理念」が憲法に書き込まれたのは、韓国憲法前文中にもあるように、1987年の民主化による9度目の憲法改正がなされた際だ。1960年の学生革命、その後の長い軍事独裁政権の苛酷な時代——1980年5月には光州《クアンジュ》事件もあった——を耐え、1987年夏、ようやく民主化運動が実を結ぶことになった。その民主化によって、27年前の独裁政権に対する民主化の闘いの歴史が憲法に書き込まれた。素晴らしいではないか。

「4・19民主理念」は、1960年の学生革命だけでなく、同時に、87年の民主革命——デモの主導者と連携を図っているという容疑で、身柄を拘束されていたソウル大生パク・ジョンチョルの拷問死の問題や、軍事政権全斗煥大統領の直接選挙による大統領選出の否定という延命策に対する全国的な抗議行動【註】——についても語っていることを理解すべきだ。換言すれば、87年の民主革命は60年の学生革命——さらに遡れば1919年の3・1独立運動——の流れを継承するものであるということを認識しつつ、しかし、それを直接「87年民主革命」と表現せずに、「4・19民主理念」に託して語っているのだ。

それは、この1987年10月29日の憲法改正が、形の上では当時の全斗煥大統領の名においてなされ（民主革命がこれを全斗煥大統領に強いた）、同年12月16日の民衆の直接選挙による盧泰愚大統領（軍人出身、全斗煥と同期）の選出、93年金泳三大統領（文民出身）の選出、98年金大中大統領選出、続く盧武鉉大統領の選出に至る過渡期であったからだ。こうした民主化運動の延長上に不正を働いた朴槿恵大統領を退陣させた2017年のキャンドルデモがあるのだ。

このように、韓国の建国の礎は日本の植民地支配に対する抵抗と独裁政権に対する抵抗にあり、その意味では、韓国憲法は「抵抗の憲法」だ。これに対して、わが日本国憲法は、前文に「政府の行為によつて再び戦争の惨禍が起ることのないやうにすることを決意し」とあるように、「反省の憲法」だ。両国関係を考えるに際しては、この違いをしっかりと認識しておくことが必要だ。

文在寅韓国大統領の3・1節記念辞

韓国では毎年、3月1日を「3・1節」とし、記念式典行い、大統領が演説をする。本年（2018年）も文在寅大統領が演説した。その演説について、「未来志向と相反する」と日本政府が不信感を示している。とりわけ、文在寅大統領が慰安婦問題について、「加害者である日本政府が『終わった』と言ってはならない」と発言したことについて、菅官房長官が「（最終的かつ不可逆的解決を謳った）日韓合意に反するものであり、極めて遺憾だ」と述べたという（2018年3月2日、『毎日新聞』、『朝日新聞』）。

菅官房長官らが指摘する文在寅大統領の演説は、以下の部分のようだ。

「……慰安婦問題の解決においても、加害者である日本政府が『終わった』と言ってはいけません。戦争の時期にあった反人倫的な人権侵害犯罪行為は終わったという言葉で蓋をされるものではありません。不幸な歴史であるほど、その歴史を記憶し、その歴史から学ぶことだけが真の解決です。日本は人類普遍の良心で、歴史の真実と正義を直視しなければなりません。

私は日本が、苦痛を加えた隣国たちと真に和解し、平和共存と繁栄の道を共に歩いて行くことを願います。私は、日本に特別な待遇を要求しません。ただ最も近い隣国らしく、真実の反省と和解の上で、ともに未来に進むことを願うだけです……」

被害者が加害者に求めるものとしてもっともであると思う。何処が問題なのだろうか。

歴史から学ぶという意味

「歴史とは現在と過去との間における尽きることのない対話」（EH・カー）なのだから「その歴史から学ぶことだけが真の解決です」というのは普遍的な真実だ。中国語では「前事不忘　后事之師」（周恩来）という。

歴史問題の解決・和解には、被害者の寛容さが不可欠である。ドイツのメルケル首相は、普仏戦争以来何度も戦争をくり返してきた独・仏の和解は、フランスの寛容さがあったから実現したと語った。同時に加害者の慎みも不可欠だ。ドイツの慎み、すなわち、ドイツの徹底的な非ナチ化、歴史教育、そして1970年、ワルシャワでユダヤ人犠牲者の碑にひざまずいて謝罪したブラント西独大統領、1985年5月8日、「荒れ野の40年」と題し、「過去に目を閉ざす者は現在も見ることができない」と演説し、世界の人々の共感を呼んだヴァイツゼッカー西独大統領ら、歴代政権による真摯な謝罪があったからこそフランスの寛容さが生まれたのだ。

歴史における加害問題の解決のためには、①加害者が加害の事実及びその責任を認めること、②謝罪及び謝罪の証としての和解金の支払い、③再び同じ過ちを繰り返さないための後世に対する歴史教育、の3点が不可欠だ。

「あの戦争には何ら関わりのない、私たちの子や孫、そしてその先の世代の子どもたちに謝罪を続ける宿命を負わせてはなりません」（戦後70年談話）と声高に語る安倍首相は、このことを全く理解できていない。

加害と被害の関係は金銭だけでは解決できない

慰安婦問題に関する日韓合意は、日本側が、合意通り10億円を拠出し、それで一件落着ということではなかったはずだ。歴史問題における加害と被害の関係は金銭だけでは解決されない。

日本政府は、「日韓合意」において、「当時の軍の関与のもとに多数の女性の名誉と尊厳を深く傷つけた問題であり、日本政府は責任を痛感している」、「安倍首相は慰安婦としてあまたの苦痛を経験され、心身にわたり癒しがたい傷を負われたすべての方々に対し、心からのお詫びと反省の気持ちを表明する」と岸田外務大臣（当時）をして述べたのだから、日本側には「あまたの苦痛を経験され、心身にわたり癒しがたい傷を負われたすべての方々に対し、心からのお詫びと反省の気持ち」が慰安婦とされた女性達に届くよう行動することが求められていたはずだ。具体的には、しかるべき日本政府関係者が、女性たちを訪問し、直接、謝罪の気持ちを伝えることなどだろう。岸田外相の記者発表が、前記安倍首相の「心からのお詫びと反省の気持ちを表明する」に続けて「韓国政府が元慰安婦の支援を目的とした財団を設立し、これに日本政府の予算で、資金を一括で拠出し、両政府が協力し、すべての元慰安婦の名誉と尊厳の回復、心の傷の癒しのための事業を行う」（傍線筆者）としていることの重さを十分理解すべきだ。

韓国外相の記者発表も「日本政府が表明した措置が着実に実施されるとの前提で、日本政府とともに、今後国連など国際社会において、本問題に対する相互非難・批判を自制する」、「今後、合意のフォローアップが着実に履行され、被害者の名誉と尊厳が回復され、心の傷が癒されることを心より祈念する」と述べている。加害者が「終わった」などと言ってはならない。加害者が被害者に求め得るのは、被害者の「許そう、しかし忘れない」という寛容な態度だけだ。前述したように被害者からの寛容が得られるためには加害者の慎みが不可欠だ。

最終的かつ不可逆的な解決

慰安婦問題に関する日韓合意は、「最終的かつ不可逆的な解決」だとか、国家間の合意だとかが声高に語られながら、文書化すらされることなく、日韓両国外相の共同記者会見で済ますなど、日韓双方には最初から腰が引けていたところがあった。

ところで、「最終的かつ不可逆的」という文言、「最終的」という文言は日本側が求めたようだが、「最終的」というのはもう終わりにして「無し」にするという意味ではない。前述したように、歴史は光の部分も影の部分も後世に引き継がれなければならない。

「不可逆的」という文言は韓国側が求めたのだそうだ。というのは、日本では歴史問題について政府当局者が加害の事実を認め、謝罪しても、それを否定するような言動が政権の中枢あたりから必ず出てくるからだろう。《植民地支配は正しかった》、《従軍慰安婦に国家の関与はなかった》、《南京虐殺事件はなかった》等々の妄言だ。2015年8月、村山首相談話を否定する談話を出そうとした安倍首相（米国に釘を刺され、「否定」はできなかったが）もそうだ。日本の近・現代における戦争は全て正しい戦争であったとする、靖国神社の「聖戦史観」はその最たるものだ。これは世界のどこにも通用せず、歴代政権の公式見解にも反している。『朝日新聞』の論説主幹を務めた若宮敬文氏はこれを「謝罪と妄言の戦後史」と呼んでいた。2004年3月1日、の「3・1節」記念辞で、盧武鉉韓国大統領（当時）が「日本は、既に謝罪した。もうこれ以上日本の謝罪を求めない。ただ、謝罪に見合う行動をしてほしい」と述べたのは、謝罪と妄言をくり返す日本社会に対する警告だった。日韓合意で「不可逆的」という文言が使われたのは、こうした過去を踏まえながら、慰安婦問題についてもう妄言を許さないという意味だ。だから、日本政府が鬼の首でも取ったかのように、この「最終的かつ不可逆的解決」という文言だけを取り出し「終わった、終わった」と声高に語るのは明らかに間違いだ。

上から目線の不遜な態度

文在寅大統領が、慰安婦問題に関する日韓合意について「間違った結び目」であったが、破棄や再交渉はしないとした上で、「日本が心から謝罪してこそ（元慰安婦）のおばあさんたちも日本を許せるだろう」と述べたことに対して、菅官房長官は「1ミリたりとも動かす考えはない」とコメントした（2018年1月11日『毎日新聞』）。国家間の合意についてその履行を求めるのは当然だ。しかし、「1ミリたりとも動かす考えはない」というのは、加害者として余りにも上から目線の不遜な態度ではないだろうか。

この発言について、二階俊博自民党幹事長は、2018年2月2日、BS朝日の収録番組で、「1ミリも動かさないと言ったら、そんな交渉に国の将来を任せられますか」などと述べ、何らかの妥協を検討すべきだとの考えを示し、その後も記者

長崎新聞　2018年（平成30年）2月3日　土曜日

従軍慰安婦問題の日韓合意

「1ミリたりとも」は不遜

弁護士　内田雅敏

「1ミリたりとも動かす考えはない」。従軍慰安婦に関する日韓合意について、韓国の文在寅大統領が破棄や再交渉はしないが「間違った結び目」「心から謝罪してこそ、おばあさんたちも日本を許せるだろう」と述べたことに対する菅義偉官房長官のコメントだ。

平昌五輪の開会式に出席することにした安倍晋三首相も、日韓合意をどうするつもりかと、文大統領に日本人の怒りを感じさせなければならないと周囲に語ったという。

国家間の合意履行を求めるのは間違いではない。しかし「1ミリたりとも」という言い方は加害者としての慎みを欠く。

ドイツは歴史上はじめて隣国すべてが友人となった（2001年ドイツ国防軍改革委員会報告書）。歴史問題の解決には、被害者の寛容さが不可欠だ。ドイツのメルケル首相は、フランスとの和解はフランスの寛容さがあったからと語った。被害者の寛容には、加害者の慎みが不可欠だ。ドイツには、非ナチ化と歴史教育という慎みがあった。

こうした和解には、①加害の事実を認識②謝罪とその証しとしての和解金支給③過ちを繰り返さないための歴史教育―3点が必要なことが分かる。

日韓合意では、日本政府が「軍の関与の下に多数の女性の名誉と尊厳を深く傷つけた問題であり、責任を痛感している」「安倍首相は慰安婦としてあまたの苦痛を経験され、心身にわたり癒やしがたい傷を負われたすべての方々に対し、心からのおわびと反省の気持ちを表明する」とコメントし、当時の岸田文雄外相は「両政府が協力し、全ての元慰安婦の名誉と尊厳の回復、心の傷の癒やしのための事業を行う」と述べた。

韓国外相も「日本政府が表明した措置が着実に実施されるとの前提で、今後国連など国際社会において、本問題に対する相互非難・批判を自制する」「合意のフォローアップが着実に履行され、被害者の名誉と尊厳が回復され、心の傷が癒やされることを心より祈念する」と語った。

ただ加害と被害の関係は金銭だけでは解決されず、日本側が10億円を拠出し、それで一件落着ではなかったはずだ。日韓合意は出発点で、日本側には「心からのおわびと反省の気持ち」が被害者に届くよう行動することが求められた。

政府は「従軍慰安婦」について正しく歴史的な理解が日本国内でしっかりと浸透するような適切な措置を取ってきたか。

国家間の約束は政権が代わっても守らなければならないのは、国家の意思表明である1993年の河野洋平官房長官談話も同じだ。談話では「慰安所は当時の軍当局の要請により、設置されたものであり、慰安所の設置、管理および慰安婦の移送については旧日本軍が直接あるいは間接にこれに関与した」と国家の関与を認め「このような歴史の真実を回避することなく、むしろこれを歴史の教訓として直視していきたい」としていた。

日本政府は「1ミリたりとも」と慎みを欠いた、上から目線で物を言うのではなく、従軍慰安婦に関する事実を日本国内でしっかりと伝え、日韓合意を実践すべきだ。それなくしては被害者からの寛容は得られない。

うちだ・まさとし
1945年愛知県生まれ。75年弁護士登録。花岡事件をはじめ戦後補償問題に取り組み、2016年には、裁判外で強制労働被害者の中国人側代理人として三菱マテリアルとの和解を実現した。

「長崎新聞」2018.2.3

団に対し、「国のトップが1ミリも動かさないと言ったら、何も動かない。それはなかろう」、「自分の主張だけで通るなら、家の中で考えていればいい。そうはいかないところに外交の難しさがある」等と述べた（2018年2月3日『朝日新聞』）。

上から目線なのは、菅官房長官だけではない。安倍首相も当初、平昌冬季五輪開会式への出席も微妙だとしていたが、結局行くことにした。行く理由に、日韓合意をどうするつもりなのか、文在寅大統領に日本人の怒りを伝えなければならないと周囲に語ったそうだ。

そして、2018年2月9日午後、安倍首相は、平昌冬季五輪の開会式出席に合わせて文在寅大統領と会談し、慰安婦問題に関する日韓合意の履行を強く促した。これに対し、文在寅大統領は「この問題については政府間交渉では解決できない」とし、「元慰安婦の心の傷を癒すために両政府が継続して努力すべきだ」と述べた（2018年2月10日『朝日新聞』）。文在寅大統領のいうとおりではないか。慰安婦とされた被害者の心に寄り添うことが必要だ。前述したように、1970年、ブラント西独大統領がワルシャワでユダヤ人犠牲者の碑にひざまずいて謝罪し、人々を感動させたことを考えるべきだ。繰り返しになるが、歴史問題の解決には金銭の支払いだけでは出来ないものがあることを何故理解しないのだろうか。

安倍首相の慎みを欠いた発言は上記だけに留まらなかった。北朝鮮の核開発問題に関し、南北対話を進めようとする文在寅大統領に対し、北朝鮮のほほえみ外交に騙されるな！と、北朝鮮に対する強圧的な政策を求め、さらに文在寅大統領が消極的になっているように見える米・韓軍事演習について、「予定どおり進めることが重要だ」とまで述べた。これが「平和憲法」を戴く国の首相が言うべき言葉だろうか。さすがに文在寅大統領も「内政干渉だ」と不快感を隠さなかったという（2018年2月11日『朝日新聞』）。菅官房長官や安倍首相は、韓国に対してどうしてこのように上から目線の不遜な態度を取るのだろうか。

日本政府は、2015年の日韓合意は国家間の約束であって政権が変わろうともその約束は守らなければならないと強調する。そのこと自体は間違いではない。しかし、同じ問題に関して発せられた1993年の宮澤内閣河野官房長官談話も国家の意思表明としてなされたものなのだから同様に守られなければならないだろう。

【註】公開からひと月で700万人を動員したという韓国映画「1987、ある闘いの真実」（チャン・ジュナン監督：2016年公開）が2018年に日本でも公開され、多くの人々が韓国民主化闘争の歴史に触れ感銘を受けた。

《韓国憲法前文》

悠久な歴史と伝統に輝く我が大韓国民は、３・１運動によって建立された大韓民国臨時政府の法統及び不義に抗拒した４・19民主理念を継承し、祖国の民主改革と平和的統一の使命に立脚して、正義、人道及び同胞愛により民族の団結を強固にし、すべての社会的弊習と不義を打破し、自律と調和を基礎とした自由民主的基本秩序を一層確固にして、政治、経済、社会及び文化のすべての領域において、各人の機会を均等にし、能力を最高度に発揮させ、自由及び権利に伴う責任と義務を完遂させ、内には国民生活の均等なる向上を期し、外には恒久的な世界平和と人類共栄に貢献することにより、我々と我々の子孫の安全と自由と幸福を永遠に確保することを誓いつつ、１９４８年7月12日制定され、8次にわたって改正された憲法を、ここに国会の決議を経て、国民投票により改正する。

１９８７年10月29日

「平和資源」としての日中平和友好条約
民間交流が切り拓いた日中友好

「平和資源」としての日中間の4つの基本文書

2018年は、1978年8月12日、締結された〔日本国と中華人民共和国との間の平和友好条約〕から40周年。2017年は、日中国交正常化をもたらした1972年9月29日、周恩来総理と田中角栄首相によって発せられた日中共同声明から45周年であった。

平和友好条約は、前文冒頭に於いて「日本国及び中華人民共和国は、千九百七十二年九月二十九日に北京で日本国政府及び中華人民共和国政府が共同声明を発出して以来、両国政府及び両国民の間の友好関係が新しい基礎の上に大きな発展を遂げていることを満足の意を以って回顧し」と謳っている。

中国の習近平国家主席は、日中間について、ことある毎に日中間における4つの基本文書に則って律せられるべきだと語る。彼の「真意」はともかくとして、日本外交はこの発言を活用すべきである。

4つの基本文書とは、2つの文書に続く、1998年11月30日、江沢民主席と小渕恵三首相によって署名され、「双方は、日中両国がアジア地域及び世界に影響を有する国家として、平和を守り、発展を促していく上で重要な責任を負っていると考える。双方は、日中両国が国際政治、経済、地球規模の問題等の分野における協調と協力を強化し、世界の平和と発展、ひいては人類の進歩という事業のために積極的な貢献を行っていく」、「双方は、この地域の平和を維持し、発展を促進することが両国の揺るぎない基本方針であること、また、アジア地域における覇権はこれを求めることなく、武力または、武力による威嚇に訴えず、すべての紛争は平和的手段より解決すべきであることを改めて表明した」と謳った〔平和と発展のための友好協力パートナーシップの構築に関する日中共同宣言〕、

２００８年5月7日、胡錦濤主席と福田康夫首相によって署名され、「双方は、互いに協力のパートナーであり、互いに脅威とならないことを確認した。双方は、互いの平和的な発展を支持することを改めて表明し、平和的な発展を堅持する日本と中国がアジアや世界に大きなチャンスと利益をもたらすとの確信を共有した」と謳い、「日本側は、中国の改革開放以来の発展が、日本を含む国際社会に大きなチャンスと利益をもたらしていることを積極的に評価し、恒久の平和と共同の繁栄をもたらす世界の構築に貢献していくとの中国の決意に対する支持を表明した。中国側は、日本が戦後60年余り、平和国家としての歩みを堅持し、平和的手段により、世界の平和と安定に貢献してきていることを積極的に評価した」と、互いにエールを交換した〔「戦略的互恵関係」の包括的推進に関する日中共同声明〕である。筆者もそう思う。

前記共同声明の前年2007年4月12日、訪日した中国の温家宝総理は日本の国会で演説し、「日中国交正常化以来、日本政府と日本の指導者は何度も歴史問題における態度を表明し、侵略を認め、また被害国に対して心からの反省とお詫びを示してきた。これに対して、中国の政府と人民は積極的な評価を与える。日本側が実際の行動によって、これらの姿勢や決意を表明していくことを、我々は強く希望したい。日中が和すれば、それは双方にとって利となり、争えば共に傷を負うことになる」と述べた【註】。

この4つの基本文書は後述するように日中間における「平和資源」である。国家間だけでなく、両国国民も、否、両国国民こそ、このことをよく理解し、「平和資源」としての4つの基本文書を活用すべきである。

基礎となるのが日中共同声明

「前記の共同声明が両国間の平和友好関係の基礎となるものであること及び前記の共同声明に示された諸原則が厳格に遵守されるべきことを確認し」（日中平和友好条約）、

「双方は、1972年9月29日に発表された日中共同声明及び1978年8月12日に署名された日中平和友好条約の諸原則を遵守

『平和資源としての日中共同声明』
内田雅敏（2017年スペース伽耶）

することを改めて表明し、上記の文書は今後とも両国関係の最も重要な基礎であることを確認した」（日中共同宣言）、

「双方は、1972年9月29日に発表された日中共同声明、1978年8月12日に署名された日中平和友好条約及び1998年11月26日に発表された日中共同宣言が、日中関係を安定的に発展させ、未来を切り開く政治的基礎であることを改めて表明し、3つの文書の諸原則を引き続き遵守することを確認した」（「戦略的互恵関係」の包括的推進に関する日中共同声明）

とあるように、この4つの基本文書中、その基礎となるのが1972年の日中共同声明である。

日中共同声明は、前文及び本文9項から成る。

石原慎太郎都知事（当時）の尖閣諸島を巡る領土問題の挑発、安倍首相の靖国神社参拝等（これ幸いとして「反日」を煽った中国の軍拡派）により最悪となった2012～13年の日中関係からすればやや改善した昨今の日中関係ではあるが、この日中共同声明、とりわけ前文を読むと日中両国は、この精神に立ち戻らなければならないことをしみじみと思う。筆者は毎日この共同声明を暗唱する。前文の中で筆者が最も感銘を受けるのは以下の部分である。

「日中両国は、一衣帯水の間にある隣国であり、長い伝統的友好の歴史を有する。両国国民は、両国間にこれまで存在していた不正常な状態に終止符を打つことを切望している。戦争状態の終結と日中国交の正常化という両国国民の願望の実現は、両国関係の歴史に新たな一頁を開くこと

になろう。（略）両国間の国交を正常化し、相互に善隣友好関係を発展させることは、両国国民の利益に合致するところであり、また、アジアにおける緊張緩和と世界の平和に貢献するものである」

戦争賠償の放棄と反覇権条項

本文中で需要なのが5項の戦争賠償の放棄、6項の紛争の平和的解決、7項の反覇権条項である。

本文5項「中華人民共和国政府は、中日両国国民の友好のために、日本国に対する戦争賠償の請求を放棄することを宣言する」は、前文中の「日本側は、過去において日本国が戦争通じて中国国民に重大な損害を与えたことについての責任を痛感し、深く反省する」を受けてのものであるが、問題なのは日本国民が戦争によって中国の民衆に加えた「重大な損害」について、どの程度までに自覚しているかである。中国民衆は対日賠償請求の放棄に不満であった。この不満を毛沢東主席と周恩来総理は、「我々は、日本の軍国主義者と戦争をしていたのであって、日本の民衆と戦争をしていたのではない。日本の民衆に賠償の苦しみを負わせたくない」として抑え込んだ。軍国主義者と民衆を分ける所謂《二分論》である。このことが後々問題となる。また、この「賠償請求の放棄」について、本文中に日本側の「謝意」が表明されていないことも問題であった。

同6項「日本国政府及び中華人民共和国政府は、主権及び領土保全の相互尊重、相互不可侵、内政に対する相互不干渉、平等及び互恵、並びに平和共存の諸原則の基礎の上に、両国間の恒久的な平和友好関係を確立することに合意する。両政府は、右の諸原則及び国際連合憲章の原則に基づき、日本国および中国が、相互の関係において、すべての紛争を平和的手段によって解決し、武力または武力の威嚇に訴えないことを確認する」、紛争の平和的解決である。これは、今日の日中関係において十分活用されるべき原則である。

同7項「日中両国間の国交正常化は第3国に対するものではない。両国のいずれも、アジア・太平洋地域において覇権を求めるべきでなく、このような覇権を確立しようとする他のいかなる国あるいは国の集団による試みにも反対する」、反覇権条項である。この条項については、後述するような経過もあり、日中間において厳守されなければならないものである。

反覇権条項を巡る鄧小平総書記の「啖呵」

1972年9月29日、日中共同声明の頃、中国は核戦争も辞さないほどにソ連（当時）と激しく争っていた。所謂「中ソ論争」である。中国がこの反覇権条項で意識していたのは対ソ連であった。ところが日本は北方諸島問題を抱えソ連を刺激したくなく、反覇権条項を共同声明の中に盛り込むことに消極的であった。が、ともかく日中共同声明の中に盛り込まれた。

それから6年後、福田赳夫内閣の日中平和友好条約、鄧小平副主席と園田外務大臣がやり合った。ここでも同じように、反覇権条項を盛り込むかどうかが問題となった。渋る日本側に鄧小平副主席は、（創価学会の池田大作氏を通じて）、「この反覇権条項は、将来、中国が覇権国家とならないためにも必要なのだ」と園田外務大臣に説いたという。鄧小平副主席は、1974年4月10日、国連特別総会に於いても、中国代表団の団長として以下の様に発言している。

「中国政府は、今回の総会が、発展途上国の団結を強め、民衆の経済的権益を守るうえで、また帝国主義、とりわけ覇権主義に反対する各国人民の闘争を促進するうえで、積極的に寄与するよう期待している。（略）中国政府と中国人民は、（略）植民地主義、帝国主義、覇権主義に反対するすべての被抑圧人民と被抑圧民族の闘争をだんこ支持する。（略）もし中国が変色し、超大国になり、世界で覇を唱え、いたるところで他国をあなどり、侵略し、搾取するようなことになれば、世界人民は、中国に社会帝国主義のレッテルをはるべきであり、それを暴露し、それに反対すべきであり、また中国人民とともにこれを打倒すべきである」。国連総会で鄧小平副主席が中国は覇権国家とならないと啖呵を切ったのである。南シナ海における海洋埋め立ての強行等、今日の中国は覇権国家ではないだろうか。日本は対中外交に於いて、前記鄧小平の言葉を持ち出し、中国を諫めるべきではないか。これこそが外交である。

村山首相談話の重要性

１９９５年8月15日、戦後50周年に際して為された村山首相談話は、社会党首班の内閣におけるものという認識が強く、その重要性にもかかわらず、正当に評価されていない嫌いもある。

村山首相談話は、村山首相になって突然為されたものでなく、前述した１９７２年の日中共同声明、１９７８年の日中平和友好条約の延長上（その間には、１９８５年の10月23日、第40回国連総会において、「戦争終結後、我々日本人は、超国家主義と軍国主義の跳梁を許し、世界の諸国民にも、また自国民にも多大な惨害をもたらしたこの戦争を厳しく反省しました」と述べた中曽根首相談話もあった）において為されたものである。この村山首相談話は安倍政権を除き、その後の歴代首相によって踏襲されてきた。その意味で、村山首相談話は前記日中間の４つの基本文書、さらに遡れば、前文で、「政府の行為によつて、再び戦争の惨禍が起ることのないやうにすることを決意し」た日本国憲法と並ぶ「平和資源」であることを理解すべきである。

２０１５年、戦後70周年に際し、安倍首相は本音では村山首相談話を否定したかったにもかかわらず、内外の批判、とりわけ米国の批判に抗しきれなかった。結局、安倍首相の戦後70年談話は、村山首相談話におけるキーワード、「侵略と植民地支配」、「痛切な反省」「心からのお詫び」を入れたわけの分からない無様なものとなった。

民間交流が切り拓いてきた日中友好

１９７２年、日中国交正常化のために訪中した田中角栄首相は９月25日、北京で周恩来総理と初めて顔を合わせた際、「私は、長い民間交流のレールに乗って、今日ようやくここに来ることが出来ました」と挨拶したという。

日中共同声明は、民間の先人たちの活動があったからこそ可能となった。同声明本文第９項は「日本国政府及び中華人民共和国政府は、両国関係を一層発展させ、人的往来を拡大するために、必用に応じ、また、既存の民間取決めをも考慮しつつ、貿易、海運、航空、漁業等の事項に関する協定の締結を目的とした交渉に応じることに合意した」と述べ、同声明に先だって既に、日中間に「民間取決め」があったことを明らかにしている。

この「既存の民間取決め」として有名なのが、いわゆる「Ｌ・Ｔ貿易」すなわち、１９６２年11月、中国の廖承志と日本の高碕達之助の間で結ばれた準政府間的民間協定、「日中総合貿易に関する覚」による貿易である。しかし、戦後における日中民間交流は「Ｌ・Ｔ」貿易よりずっと前、１９５０年代からあった。

アジア・太平洋戦争末期、日本は、国内の労働力不足に対処するために、国策として約４万人の中国人を日本へ強制連行し、各地で重労働に従事させた。苛酷な強制労働の結果、日本の敗戦までの1年余の間に、約7000人の中国人が亡くなった。

戦後、日本の民間団体「中国人俘虜殉難者慰霊実行委員会」が、日本各地において強制労働で亡くなった中国人の遺骨を調査・収集・慰霊し、1953年から64年まで9次にわたって約2800人の遺骨を中国へ送還してきた。

この遺骨送還運動こそは、戦後における日中民間交流の始まりであった。遺骨送還運動の延上に、強制連行・強制労働の実態の掘り起こし→花岡和解（2000年）、西松和解（2009年）、三菱マテリアル和解（2016年）等がある。

国同士はどうであれ、国やメディアが反中、反日を煽らない限り、民衆同士は戦争を望まない。そのことは、アジア系外国人旅行者多いことが物語っている。

「最近、海岸沿いをウオーキングしています。広い空と志賀島、能古島が浮かぶ博多湾の景色を見ると心が爽快になります。また、毎朝、中国の大型クルーズ船を発見するのも楽しみの一つです。今や、爆買ツアーと九州観光ツアーは大きな民間交流になっているようです」、筆者の友人で、日弁連副会長も勤めた福岡の福島康夫弁護士からの残暑見舞いの一節である。日本国民は、「平和を愛する諸国民の公正と信義に信頼して、われらの安全と生存を保持することを決意した」（憲法前文）。「諸国家」でなく「諸国民」の公正と信義に信頼してなのだ。

【註】「江沢民主席は、天皇陛下と会見するとともに、小渕恵三内閣総理大臣と国際情勢、地域問題及び日中関係全般について突っ込んだ意見交換を行い、広範な共通認識に達し、この訪問の成功を踏まえ、次の通り共同で宣言した」と前文中にあるように、日中共同宣言は他の3つの文書にはない天皇に対する言及がある。この言及は、中国側からの強い要請によるものである。中国側は、日本の総理大臣がくるくる変わり、歴史問題についても謝罪と妄言の繰り返しがあることから、天皇に言及しておくことによって、歴史問題についての日本政府の「公式謝罪」を「不可逆的な」ものにしておこうという狙いがあったのではないかと思われる。

三菱マテリアル中国人強制労働事件和解

強制連行・強制労働の歴史

「過ちて改めざる、是を過ちという」、2016年6月1日、北京で締結された三菱マテリアル社中国人強制連行・強制労働事件和解に於いて同社の常務取締役木村光氏が、同社を代表して、中国人受難者・遺族らを代表した閻玉成（86歳）、張義徳（88歳）、闞順（95歳 娘が代理出席）さんら受難生存労工に対し述べた「謝罪文」の一節である。受難生存労工らは同社の「謝罪を誠意あるものとして受け入れ」（和解書第1条）、「私たちは、中国人労働者の強制連行を主導した日本政府、ならびにその他の多くの加害企業が依然として歴史事実を無視し、謝罪を拒む状況下で、三菱マテリアル社が歴史事実を認め、公開謝罪する姿勢を積極的に評価する」と述べた。

和解文書に調印後、異国の地で亡くなり、あるいは帰国後、和解の成立を見ることなく亡くなった元労工たち、及び後述する請求交渉に尽力し、その過程で亡くなった日中両国の人士たちに想いを馳せ、黙祷がなされた。

日本は1931年9月18日、日本軍による中国奉天（現瀋陽）郊外の鉄道爆破の謀略を契機とし、1937年7月7日の北京郊外の盧溝橋事件を経て、泥沼の日中「戦争」に陥り、遂に1941年12月8日の真珠湾攻撃から日・米・英、豪、加、蘭、等とも戦端を開くに至った。アジア・太平洋戦争が長期化する中で、日本国内では青年男子が次々と出征させられ深刻な労働力不足を招来した。これに対処するため、政府はまず当時の植民地であった朝鮮半島からの労働力の移入を計った。初期には雇用形式、後には国家総動員法による労働であったが、その実態は「タコ部屋」による強制労働と変わりはなかった。しかし、悪化する戦況はさらなる労働力を必要とした。

1942年11月27日、時の東條内閣は中国大陸から中国人を日本国内に強制連行し、鉱山、ダム建設現場などで強制労働に就かせることを企て、「華人労務者移入に関する件」を閣議決定し、1944年の次官会議を経て同年8月から、翌1945年5月までの間に3次にわたり38,935人の中国人を日本に強制連行し、国内の鉱山、ダム建設現場など135事業場で強制労働させた。この強制連行・強制労働も、形式的には「雇用契約」の体裁を採っていたが、戦闘における捕虜、占領地における民間人の有無を言わせずの拉致等、強制連行・強制労働以外の何物でもなく、国際法違反は明々白々であった。

強制連行され、苛酷な労働を強いられた中国人らは、1945年8月15日の日本の敗戦に至るまでの約1年の間に、6830人が亡くなった。三菱マテリアル社の前身三菱鉱業株式会社は、美唄炭鉱（北海道）289人、大夕張炭鉱（同）292人、尾去沢鉱山（秋田）498人、勝田炭鉱（福岡）352人、飯塚炭鉱（同）189人、高島炭鉱新坑（長崎）205人、同端島坑204人、同崎戸坑436人、槇峰鉱山（宮崎）244人の9事業所に計2709人を強制連行し、強制労働させた。

長崎市の端島海底炭鉱はその異形な形から「軍艦島」として有名である。同社はその他にも下請として、大夕張・地崎組（北海道）388人、雄別・土屋組（同）253人、美唄・鉄道工業（同）415人、併せて、3765人を強制労働させた。その内、日本の敗戦までに722人（船中死亡11人含む）が亡くなった。これらの炭鉱、鉱山では、「強制連行」された朝鮮人も働かされていた。

三菱マテリアル社の謝罪

このような歴史事実を踏まえ、三菱マテリアル社の謝罪文は以下のように述べる。

第二次世界大戦中、日本国政府の閣議決定「華人労務者内地移入に関する件」に基づき、約39,000人の中国人労働者が日本に強制連行された。弊社の前身である三菱鉱業株式会社及びその下請け会社（三菱鉱業株式会社子会社の下請け会社を含む）は、その一部である3,765名の中国人労働者をその事業所に受け入れ、劣悪な条件下で労働を強いた。また、この間、722人という多くの中国人労働者が亡くなられた。本件については、今日に至るまで終局的な解決がなされていない。

『過ちて改めざる、是を過ちという』弊社は、このように中国人労働者の皆様の人権が侵害された歴史的事実を率直かつ誠実に認め、痛切なる反省の意を表する。また、中国人労働者の皆様が祖国や家族と遠く離れた異国の地において重大なる苦痛及び損害を被ったことにつき、弊社は当時の使用者として歴史的責任を認め、中国人労働者及びその遺族の皆様に対し深甚なる謝罪の意を表する。併せて、お亡くなりになった中国人労働者の皆様に対し、深甚なる哀悼の意を表する。

『過去のことを忘れずに、将来の戒めとする』弊社は、上記の歴史的事実及び歴史的責任を認め、且つ今後の日中両国の友好的発展への貢献の観点から、本件の終局的・包括的解決のため設立される中国人労働者及びその遺族のための基金に金員を拠出する（和解合意書第1条（謝罪））」。

同社は、謝罪の証として、中国人受難者・遺族に対し、一人当たり金10万元（約160万円）の和解金を支給し、さらに「二度と過去の過ちを繰り返さないために、記念碑の建立に協力し、この事実を次の世代に伝えていくことを約束する」とし、事業場等での「受難の碑」建立の費用、中国からの受難者・遺族を日本にお招きしての追悼事業費（一人当たり金25万円）、受難者・遺族及び基金の調

▶寄稿

日中の緊張緩和に貢献

三菱マテリアル中国人強制労働事件和解

内田雅敏（弁護士）

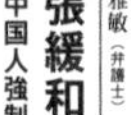

「過ちて改めざる、是を過ちという」。6月1日、北京で締結された三菱マテリアル社中国人強制労働事件和解において、同社の代表、木村光・常務執行役員が中国人受難生存労工に対して述べた「謝罪文」の一節である。

■■

アジア・太平洋戦争が長期化する中で、1942年、東条英機内閣は中国大陸から中国人を日本国内に強制連行し、鉱山、ダム建設現場などで強制労働に就かせることを企て、「華人労務者移入に関する件」を閣議決定し、同44年8月から翌45年5月までの間に3万8935人の中国人を日本に強制連行し、鉱山、ダム建設現場など135事業所で強制労働させた。

同年8月15日の日本の敗戦に至るまでの約1年間、苛酷な労働の中で6830人の中国人が亡くなった。三菱マテリアル社によれば、同社の前身である三菱鉱業株式会社と下請け会社は3765人の中国人労働者をその事業所に受け入れ、「劣悪な条件下で労働を強いた」。これについて謝罪文は「弊社は、中国人労働者の皆様の人権が侵害された歴史的事実を率直かつ誠実に認め、痛切なる反省の意を表する」「当時の使用者としての歴史的責任を認め、中国人労働者及びその遺族の皆様に対し深甚なる謝罪の意を表する」と述べる。

三菱マテリアルとの和解を正式発表し、記者会見する元労働者の閻玉成さん＝1日、共同

謝罪文にある「事業所」の中には昨年、世界ユネスコ文化遺産に登録され、「軍艦島」として有名な長崎市の端島海底炭鉱がある。三菱マテリアル社は、謝罪の証しとして、中国人受難者・遺族に対し、1人当たり金10万元（約170万円）の和解金を支給し、さらに「二度と過去の過ちを繰り返さないために、記念碑の建立に協力し、この事実を次の世代に伝えていくことを約束する」とし、事業所等での「受難の碑」建立の費用、中国からの受難者・遺族をお招きしての追悼事業費を別途支給することとした。三菱鉱業では強制労働中に722人（他に船中で11人）が亡くなった。

■■

筆者はこれまで、中国人強制連行・強制労働問題に関し、本件の他に鹿島の花岡和解（2000年）、西松建設広島安野和解（09年）に関与してきた。本三菱マテリアル和解は、前記二つの和解の延長上のものであり、前2者に比べ、①三菱鉱業本体の事業所だけでなく、下請け先も含む3765人を対象とする②謝罪内容において踏み込み、会社の責任者が中国に赴き、直接、受難者に謝罪した③和解金の額がこれまでの金額を大幅に超え、かつその使途が明確に定められている、等々において大きく前進したものである。

労工らは、本和解に踏み切った三菱マテリアル社の決断に敬意を表するとともに、同じ問題を抱える他の企業及び日本国家が同社に倣い早急に問題の解決に当たるよう呼びかけた。強制労働問題は中国人だけではない。

調印式の終了に際し、労工ら及び同社は、遠く異国の地で亡くなった、そして故国に帰ったが亡くなった労工らに思いをはせ、黙とうした。和解のためには加害者の慎みと節度、被害者の寛容が不可欠である。

「和解」は和解の成立によって終了するのでなく、和解事業の遂行過程を通じて、さらに深め、豊かにすることができる。それは民間による日中友好運動の一つでもある。

そして本和解は、歴史に真摯《しんし》に向き合い、被害者に対する謝罪とささやかな贈物をなすものであるが、同時に、昨今の日中の安全保障を巡る環境整備に資する。

（うちだ・まさとし）

「毎日新聞」（夕）2016.6.7

査費を別途支給することとした。

交渉、裁判、交渉の経緯

中国人受難者・遺族らと三菱マテリアル社との交渉経緯は長かった。まず、交渉があり、これが拒否され、長い裁判闘争となった。裁判所は、強制連行・強制労働の実態には迫りながらも、国家無答責、時効、除斥期間などの法理、後には日中共同声明による請求権の放棄等（裁判上の請求はできない）の論理により、中国人受難者・遺族らからの請求を退けてきた。

2007年4月27日、最高裁第2小法廷判決は、市松建設中国人強制連行損害賠償請求事件において中国人受難者・遺族らの請求を棄却したが、「なお、サンフランシスコ平和条約の枠組みにおいても、個別具体的な請求権について債務者側（賠償義務者：筆者註）において任意の自発的な対応をすることは妨げられないところ、本件被害者らの蒙った精神的、肉体的苦痛が極めて大きかった一方、上告人（西松建設：筆者註）は前述したような勤務条件で、中国人労働者らを強制労働に従事させて相応の利益を受け、更に補償金を取得しているなどの諸搬の事情にかんがみると、上告人を含む関係者において、本件被害者らの被害の救済に向けた努力をすることが期待されるところである」という「付言」を導き出した。この「付言」に基づき、西松安野和解が成立したのだが、本件三菱マテリアル和解も同様、この付言の精神に基づいてなされた。筆者はこれまで、中国人強制連行・強制労働問題に関し、鹿島建設の花岡和解（2000年）、西松建設広島安野和解（2009年）に関与してきたが、本件三菱マテリアル和解は、前2者に比べ、

①三菱鉱業本体の事業場だけでなく、下請先も含む3，765人を対象とした（花岡987人、西松広島安野360人、同信濃川180人）。

②謝罪内容において「過ちて改めざる、是を過ちという」と踏み込み（三菱は自発的にこの語句を使用した）、しかも会社の責任ある立場の者が中国に赴き、直接、受難者である生存労工に対し謝罪し、和解金を支給した。

③和解金の額がこれまでの和解金額を大幅に超えた。

④和解金の内訳（使途）が明確に示されている。

等々に於いて大きく前進したものである。

三菱マテリアル社が発したプレスリリースは、本件和解の概要を説明した上で以下のように述べる。

「当社は、本日の和解に関する調印式で、歴史的責任に対し真摯かつ誠実な謝罪の意を表明し、3名の元労働者の方々に、これを受け入れて頂きました。（略）本件につきましては、過去、当社関係で5つの日本国内訴訟が提起されました。何れの訴訟も元労働者側の請求を棄却するとの決

定が下され、確定しております。しかしながら、判決においては、旧三菱鉱業の事業所において、元労働者の方々が本人の意に反して苦労を強いられたということが事実として認定され、また、『本問題を解決するよう努力するべき』との付言がありました。当社は、これらを真摯に受け止め、協議を続けた結果、合意に至りました」

生存労工の名で発せられた被害者団体全体の共同コミュニケは、本和解を成立させた三菱マテリアル社の決断に敬意を表するとともに、同じ問題を抱える他社、及び日本国家が三菱マテリアル社に倣い、本強制連行・強制労働問題の早急なる解決を求めると述べた。1972年日中共同声明による日中の国交正常化に至るまでは長い民間の交流の歴史があった。同年9月25日、田中首相は周恩来総理との最初の会見に際し、「私は今日、長い民間交流のレールに乗って、ようやくここに来られました」と述べたという。本件和解は強制連行・強制労働の受難者・遺族に対する謝罪と慰藉を目的とするものであるが同時に、その和解事業の遂行を通じて民間の日中友好交流運動の一端を担うことになろう。

日中間の安全保障を巡る環境の整備に資する和解

今、この国では、集団的自衛権行使容認の閣議決定・安保法制の強行採決によって、これまでの専守防衛という安全保障政策の根幹が変更された。日中関係など安全保障を巡る環境の変化ということが声高に語られる。しかし安全保障を考える際に需要な要素は抑止力だけではない。それ以上に大切なことは、隣国に対する「安心供与」、即ち、隣国が信頼するような国柄であるかどうかである。本三菱マテリアル和解は、日本にもこのような歴史に向き合う企業がある、このような和解を担う市民たちがいるという安心感、信頼感を中国側に与え、日中の安全保障を巡る環境整備に大きな役割を果たすものとなるであろう。

Ⅳ　靖国

靖国史観が透けて見える安倍首相の70年談話

何故、日露戦争の「勝利」から始まるのか

「百年以上前の世界には西洋諸国を中心とした国々の広大な植民地が、広がっていました。圧倒的な技術優位を背景に、植民地支配の波は19世紀、アジアにも押し寄せました」。２０１５年8月14日、安倍首相によって発せられた戦後70年首相談話の冒頭部分である。

正直、驚いた。「戦後」70年談話であるから、当然、これまでの首相談話等—「日本側は、過去において、日本国が戦争を通じて、中国国民に重大な損害を与えたことについての責任を痛感し、深く反省する」（１９７２年日中共同声明）、「１９４５年6月26日、国連憲章がサンフランシスコで署名された時、日本は唯一国で40以上の国を相手に絶望的な戦争を戦っていました。戦争終結後、我々日本人は、超国家主義と軍国主義の跳梁を許し、世界の諸国民にも又自国民にも多大な惨害をもたらしたこの戦争を厳しく反省しました」（１９８５年、中曽根首相、国連総会演説）、「先の戦争が終わりを告げてから50年の歳月が流れました。今あらためて、あの戦争によって犠牲となられた内外の多くの人々に思いを馳せるとき、万感胸に迫るものがあります。……

わが国は遠くない過去の一時期、国策を誤り、戦争への途を歩み、国民を存亡の危機に陥れ、植民地支配と侵略により、多くの国々、とりわけアジア諸国の人々に対し多大な損害と苦痛を与

えました」（1995年、村山首相談話）――と同様、先の戦争の反省、それはつまるところ、「政府の行為によって再び戦争の惨禍が起こることのないやうにすることを決意し」（憲法前文）の精神から説き起こされると思っていたからである。

靖国神社の「聖戦」史観と通底する安倍史観

西欧列強の植民地政策を批判する安倍首相談話の冒頭部分は、「アジアで最初に立憲政治を打ち立て独立を守り抜」いた日本が戦った「日露戦争は、植民地支配のもとにあった、多くのアジアやアフリカの人々を勇気づけました」へと収斂する【註1】。これは靖国神社の歴史観と軌を一にする。

靖国神社遊就館の展示室15、（大東亜戦争）の壁に、「第二次世界大戦後の各国独立」と題したアジア、アフリカの大きな地図が掲げられ、以下のような解説が付されている。

「日露戦争の勝利は、世界、特にアジアの人々に独立の夢を与え、多くの先覚者が独立、近代化の模範として日本を訪れた。しかし、第一次世界大戦が終わっても、アジア民族に独立の道は開けなかった。アジアの独立が現実になったのは大東亜戦争緒戦の日本軍による植民

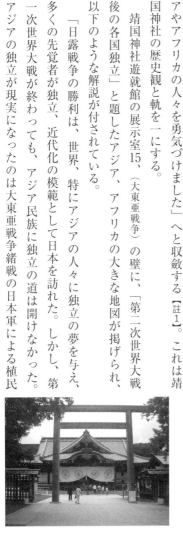

地権力打倒の後であった。日本軍の占領下で、一度燃え上がった炎は、日本が敗れても消えることはなく、独立戦争などを経て民族国家が次々と誕生した」

「大東亜戦争」は侵略戦争でなく、植民地解放のための戦い、聖戦だったというのだ。そして戦後独立したアジアの各国について、独立を勝ち取った年代別に色分けし、彼の国の指導者、例えば、インドのガンジー氏などの写真が展示されている。ところが日本の植民地であった台湾、韓国、朝鮮（朝鮮民主主義人民共和国）については色が塗られてなく、彼の国の指導者の写真も展示されていない。ただ、朝鮮半島については南北朝鮮につき小さな字で、1948年成立と書かれているだけである。「大東亜戦争」が白人の植民地支配からのアジア解放の戦いであったとするならば、朝鮮、台湾の植民地支配はどう説明されるのか。日露戦争の「勝利」によって朝鮮の植民地化が加速されたのではなかったか。

「それでは間違いが出来る」とした佐久間象山の諭し

幕末列強に開国を強いられ、不平等な条約を締結させられたことに憤激した吉田松陰は、師である信州松代真田藩出身の洋学者佐久間象山に、交易にて魯、墨に失う所は、国力を養い、「朝鮮を責めて質を納れ《い》貢を奉ること古の盛時の如くならしめ、北は満州の地を割《さ》き、台湾、呂宋《ルソン》の諸島を収め」（『幽囚録』）と書き送った。「それでは間違いができる」と象山は諭したが、残念ながら日本の近・現代史は象山の憂慮したとおりの「間違いの道」を歩んだ。

1895年、日清戦争後の下関条約で、日本は中国から台湾、澎湖島を取り、更に当時の日本の国家予算（約8000万円）の4倍強に当たる2億両《テール》（約3億6000万円）もの賠償金を取った。それは、「我國は隣国の開明を待て共に亜細亜を興すの猶豫ある可らず。寧ろ其伍を脱して西洋の文明國と進退を共にし、其支那朝鮮に接するの法も隣国なるが故にとて特別の會釋に及ばず、正に西洋人が之に接するの風に従て処分す可きのみ。悪友を親しむ者は、共に悪名を免かる可らず。我れは心に於て亜細亜東方の悪友を謝絶するものなり」（福澤諭吉「脱亜論」）の実践に他ならなかった。

自国の植民地支配については黙して語らず

ポツダム宣言第8項で履行されるべきとされているカイロ宣言（1943年11月27日）では「三大国（米・英・中）は朝鮮人民の奴隷状態に留意し、やがて朝鮮を自由独立のものにする決意を有する」と述べている。これらの点について、遊就館の展示は《黙して語らず》である。

この点は安倍首相談話もまったく同様である。同談話は、前記「アジアやアフリカの人々を勇気づけ」たに続け、「世界を巻き込んだ第一次世界大戦を経て民族自決の動きが広がり、それまでの植民地化にブレーキがかかりました」と、日本は、この植民地支配に全く関係がなかったかのようにあっさりと「客観的」に述べる。しかし、この時期こそ日本が韓国の植民地支配を強化し、また欧州の戦乱に乗じ、中国に対し悪名高き「対華二十一ヶ条の要求」を突き付け、大陸への侵略に乗り出した、日本の「曲がり角」であった（松本健一『日本の失敗』岩波現代文庫）。中国革命の父孫文は、その死の前年の1924年、日本に対して「西洋帝国主義の番犬となるか、あるいは東洋王道の前衛となるか」という警告を発したが、日本の中国大陸に対する蚕食は、やむことがなかった。

中曽根康弘元首相も、「戦後70年思う」（2015年8月10日『毎日新聞』）で以下のように述べる。

「……1915年の『対華21ヶ条要求』以降は、中国に対する侵略的要素が非常に強くなり、日本軍による中国国内での事変の拡大は、中国の反発を招き、中国民族の感情を大いに傷つけたと言わざるを得ない。

大東亜共栄圏の名のもとに進出した東南アジアも、住民からすれば土足で上がり込まれたというものに他ならず、まぎれもない侵略行為であった」【註2】。

安倍首相談話は、このような日本が主体的に関わった侵略の歴史的経緯に全く触れることもなしに、日本の植民地支配の強化、大陸侵略を容認したベルサイユ条約体制に抗議した、1919年、朝鮮（半島）での「3・1独立運動」、中国での「5・4運動」もスルーし、一般的に「二度と戦争の惨禍を繰り返してはならない。事変、侵略、戦争、如何なる武力の威嚇や行使も、国際紛争を解決する手段としては、もう二度と用いてはならない。植民地支配から永遠に決別し、すべての民族の自決の権利が尊重される世界にしなければならない」と述べるのみである。これでは人々、とりわけ、日本の植民地支配と侵略によって蹂躙されたアジアの被害者たちの心にはとうてい届かない。

2004年、3・1独立運動の記念式典で韓国の盧武鉉大統領は、「日本はもう謝罪した。これ以上日本に謝罪を求めない。ただ、謝罪に見合う行動をとってほしい」と演説した。誠にその通りである。日本の戦後史は、政府によって謝罪がなされると、それに反発する「植民地支配は正しかった」等々の妄言が繰り返されるのが常であった。安倍首相談話が、加害の事実に具体的に言及し、且つ被害者の「救済」が具体的になされたのかを検討することもなしに、「何の罪もない人々に、計り知れない損害と苦痛を我が国が与えた事実。歴史とは実に取り返しのつかない苛烈なものです」と感傷的に述べ、「先の大戦への深い悔悟の念と共に、我が国はそう誓いました。自由で民主的な国を作り上げ、法の支配を重んじ、ひたすら不戦の誓いを堅持してまいりました」と述べようとも、靖国神社、すなわち、「日本の独立と日本を取り巻くアジアの平和を守っていくためには悲しいことですが、外国との戦いも何度か起こったのです。明治時代には『日清戦争』『日露戦争』、大正時代には『第一次世界大戦』、昭和になっては『満州事変』、『支那事変』そして『大東亜戦争（第二次世界大戦）』が起こりました。戦争は本当に悲しい出来事ですが、日本の独立をしっかりと守り、平和な国として、まわりのアジアの国々と共に栄えていくためには、戦わなければならなかったのです」と、先の戦争をアジア解放のための「聖戦」だとし、A級戦犯らを「護国の英霊」と祀る靖国神社への参拝、あるいは供物の奉納などを続けていては、それは言葉の遊びでしかない。

2014年5月30日、シンガポールでのアジア安全保障会議で安倍首相は、基調講演で、「国際社会の平和、安定に、多くを負う国ならばこそ、日本は、もっと積極的に世界の平和に力を尽くしたい、〝積極的平和主義〟のバナーを掲げたい……自由と人権を愛し、法と秩序を重んじて、戦争を憎み、ひたぶるに、ただひたぶるに平和を追求する一本の道を日本は一度としてぶれることなく、何世代にもわたって歩んできました。これからの幾世代、変わらず歩んでいきます」と述べた。この認識は、靖国神社の前記「聖戦」史観と完全に重なり合う。

言葉は形容詞から朽ちる

安倍首相は、村山首相談話等、歴代の日本政府の歴史認識を正しく承継すべきであるという国内外の圧力に屈し、渋々、談話中に「植民地支配」、「侵略」、「痛切は反省」、「心からのお詫び」というキーワードをいれたものの、他の言葉でこれを薄めようと苦心惨憺している。安倍首相談話を一読して思うことは、「言葉は形容詞から朽ちる」という開高健の名言である。安倍首相70年談話は、一体「何のために出したのか」（２０１５年8月15日『朝日新聞』社説見出し）。すでに２０１５年4月20日付け、ニューヨークタイムズ社説は「今回の訪米が成功するかどうかは、また同時に、安倍首相が日本の戦争中の歴史にいかに正直に向き合うかにもかかっている。……安倍首相は戦争への反省を公に表明し、性奴隷問題を含めた過去の侵略について日本が過去行った謝罪を継承すると述べている。だが、彼はその言葉を修飾する曖昧な文言を追加し、真面目に謝罪する気持ちがなく謝罪を薄めようとするつもりではないかとの疑いをもたらしている」（共同配信）と指摘していた。談話発表後の記者会見で、安倍首相は、「具体的にどのような行為が侵略に当たるか否かについては歴史家の議論にゆだねるべきだと考える」とやった（２０１５年8月15日『朝日新聞』）。

「何の罪もない人々に計り知れない損害と苦痛を我が国が与えた事実。歴史とは、実に取り返しのつかない苛烈なもの」等々の空疎、冗長な言葉はいらない【註3】。真摯に歴史に向き合い、率直に被害者に謝罪をし、その上で被害者の寛容を乞う、「戦後70年首相談話」にはこういう姿勢こそが求められたはずである。まさに「杖《よ》るは信《しん》に如《し》くは莫《な》し」（村山首相談話）である。

「お友だち」への弁明としての「終止符」発言

安倍首相の「お友だち」たちは、安倍首相談話中に「植民地支配と侵略」、「心からのお詫び」、

「痛切な反省」という語句が入ったことに不満を募らせながらも、談話中の「あの戦争には何ら関わりのない、私たちの子や孫、そしてその先の世代の子どもたちに謝罪を続ける宿命を負わせてはなりません」の一節を取り上げ、これで謝罪に終止符を打ったと評価しようとしている。これは歴史に向き合うということを全く理解しないものである。奇妙なことに、彼らはしばしば、1985年5月8日、ヴァイツゼッカー西独大統領（当時）のなした有名な演説「荒れ野の40年」中でも、安倍首相談話の前記部分と同旨が語られていたと主張する【註4】。この見解は「荒れ野の40年」をまともに読んだことのない牽強付会でしかない。確かに、ヴァイツゼッカー大統領は「荒れ野の40年」で「当時生まれていなかった世代」の責任について「今日の人口の大部分はあの当時子どもだったか、まだ生まれてもいませんでした。この人たちは自分が手を下していない行為に対して、自らの罪を告白することはできません。ドイツ人であるということだけの理由で、彼らが悔い改めの時に着る荒布の質素な服を身にまとうのを期待することは、感情を持った人間にできることではありません」と述べてはいる。しかし、それに続けて、

「しかしながら先人は彼らに容易ならざる遺産を残したのであります。罪の有無、老若いずれを問わず、われわれ全員が過去を引き受けねばなりません。全員が過去からの帰結に関り合っており、過去に対する責任を負わされているのであります。

心に刻み続けることが何故かくも重要であるかを理解するため、老若互いに助け合わねばなり

ません。また助け合えるのです。

問題は過去を克服することではありません。さようなことができるはずはありません。後になって、過去を変えたり、起こらなかったことにするわけにはまいりません。しかし、過去に目を閉ざす者は結局のところ現在にも盲目となります。非人間的な行為を心に刻もうとしない者は、またそうした危険に陥りやすいのです」と訴えている（『ヴァイツゼッカー大統領演説集』岩波書店　永井清彦訳）。

２０１５年1月26日、ベルリンで開催されたアウシュビッツ解放70周年記念追悼行事に於いて、独メルケル首相は、「アウシュビッツはショアー（ユダヤ人絶滅政策）というドイツによる文明の断絶の象徴である」、「（当時起きたことを思うと）私たちドイツ人は深い羞恥の念にかられます」「明日、アウシュビッツ＝ビルケナウ収容所解放70周年を迎えるに当たり、私たちは殺害された６００万人のユダヤ人の人々に思いをいたすのです」、「人類に対する罪に時効はなく、当時の残虐行為の記憶を後世に伝え、その記憶を鮮明に保つ責任を私たちは恒久的に負っている」と訴えた（ドイツ大使館広報「過ぎ去っても忘れることはない」）。

「歴史とは現代と過去との不断の対話」（E・H・カー）である。歴史に真摯に向き合うことによって、被害者からの寛容を求めることはあったとしても、過去をなかったことにしたり、過去に終始符を打つことなどできはしない、民法に限定相続（限定承認）の制度はあるが、歴史には限定相続ということはあり得ないのである。もっとも、安倍首相談話も前記「終止符」発言に続け、「しかし、それでもなお、私たち日本人は世代を超えて、過去の歴史に真正面から向き合わねばなりません。謙虚な気持ちで、過去を受け継ぎ、未来へと引き渡す責任があります」と述べざるを得なかったのである。

なお、「お友だち」は、「お友だち」に対する弁明としての「終止符」発言、見苦しいこと、この上ない。

なお、「お友だち」は、ヴァイツゼッカー大統領は「荒れ野の40年」の演説の中で謝罪をして いないと指摘することがある。それは当然なことである。何故ならば、同大統領の演説は被害者に向けられたものでなく、ドイツ人自身に対して向けられたものであるからである。

【註1】 閣議決定による集団的自衛権行使容認、安保法制案の衆議院における強行採決は、安倍首相が「アジアで初めて立憲政治を打ち立てた」と自慢する立憲主義の否定そのものではないか。

【註2】 中曽根康弘元首相は、1983年2月28日、衆議院予算委員会の答弁において、首相としてはじめて、中国との15年戦争については侵略戦争であることを認めた。

【註3】 安倍首相は、2015年4月29日、米国上院下院合同会議での演説でも「真珠湾、バターン、コレヒドール、サンゴ海……メモリアルに刻まれた戦場の名が心をよぎり、私は、アメリカの若者の失われた夢、未来を思いました。歴史とは実に取り返しのつかない苛烈なものです……」とやった。

【註4】 談話発表後の記者会見において産経新聞記者が「質問」という体裁でこれを誘導した。

靖国神社宮司辞任騒動が明らかにした「戦死者の魂独占」の虚構

――宗教法人任せの追悼は国の怠慢、国立の追悼施設創れ

靖国神社の本音

２０１８年10月31日、靖国神社の小堀宮司が辞任した。職員研修会で、戦没者慰霊の旅を続ける天皇は靖国神社を潰そうとしていると発言したことを「不敬」と批判されての辞任だ【＊１】。小堀宮司は天皇の慰霊の旅先には遺骨は有るかもしれないが御霊《みたま》はないとも語った【＊２】。

後述する戦死者の魂独占の虚構と天皇参拝を生命線とする靖国神社として、小堀宮司の発言は、天皇の不参拝に苛立った同神社の本音ではなかろうか【＊３】。

靖国神社は１８７９（明治12）年、別格官幣社として設立された。官幣社は大社、中社、小社の三種があり、官幣大社は、出雲大社、諏訪大社など30社近くある。別格官幣社は、官幣中社、小社と同格であった。別格官幣社は１８７２年（明治５）、楠木正成を祭神とする湊川神社が最初の設立、次いで、靖国神社、北畠神社など、天皇に尽くした臣下を顕彰する神社として続々設立された。何れも祭神を褒め称える顕彰を主目的とし、追悼施設ではない。

靖国神社が追悼施設でなく顕彰施設であることは靖国神社に併設されている遊就館の各展示を見れば一目瞭然だ。展示室１には、大伴家持の歌「海ゆかば、みずくかばね、山ゆかば草むすか

ばね、大君の辺にこそ死なめ、かへりみはせじ」が掲示されている。この歌は、戦時中、日本軍の「玉砕」などの報道の際に流されたこと、また信時潔が重苦しい曲を付けたことから鎮魂歌と誤解するむきもあるが、歌詞を見れば明らかなように、天皇のために死んだ兵士を褒め称える歌であることが分かる【＊4】。

靖国神社の「聖戦史観」

靖国神社が「……日本の独立と日本を取り巻くアジアの平和を守っていくためには悲しいことですが、外国との戦いも何度か起こったのです。明治時代には『日清戦争』『日露戦争』、大正時代には『第1次世界大戦』、昭和になっては『満州事変』、『支那事変』そして『大東亜戦争（第2次世界大戦）』が起こりました。

戦争は本当に悲しい出来事ですが、日本の独立をしっかりと守り、平和な国として、まわりのアジアの国々と

中國新聞　2018年（平成30年）10月31日（水曜日）　(6)

識者評論

戦死者追悼は国の責務だ

靖国宮司発言の意味

弁護士　内田雅敏

靖国神社の小堀邦夫宮司が辞任する。職員研修会で、戦没者慰霊の旅を続ける天皇は靖国神社をつぶそうとしていると発言したことを批判されての辞任だ。天皇の慰霊の旅先には、遺骨は有るかもしれないが、御霊《みたま》はないとも語った。戦死者の魂独占の虚構と天皇参拝が靖国神社の生命線であり、天皇の不参拝にいら立つ宮司の発言は同神社の本音ではなかろうか。

靖国神社は1879（明治12）年、別格官幣社として設立された。

官幣社は大社、中社、小社の3種があり、官幣大社は伊勢神宮、出雲大社など100社以上ある。別格官幣社は官幣中社、小社と同格で、楠木正成を祭神とする湊川神社が最初。次いで靖国神社、北畠神社など天皇に尽くした臣下を顕彰する神社として続々設立された。いずれも祭神を褒め、たたえる顕彰を主目的とし、追悼施設ではない。

靖国神社が、戦後の今なお、世界で通用せず、また日本政府の公式見解にも反する、先の戦争を正しい戦争であったとする聖戦史観に立つのは、追悼施設ではなく、顕彰施設だからだ。間違った戦争で死者を「護国の英霊」として顕彰することはできない。このことがアジアからの批判を呼ぶA級戦犯の合祀《ごうし》につながり、また天皇参拝取りやめの原因ともなった。

戦前、靖国神社が、他の神社を凌駕《りょうが》する特別な地位を獲得し得たのは陸、海軍省が所管し「天皇の軍隊」の戦死者の魂全てを祭り、そこに、臣下に頭を下げることのない天皇が参拝してくださるとされたからだ。

戦後新憲法下、靖国神社は単なる一宗教法人となったが、戦後も戦前と同様、特別な地位を占めるため、戦死者の魂独占の虚構維持と天皇参拝の継続に腐心した。国立の追悼施設を設けていない国も、これを助けた。

靖国神社は、連合国軍総司令部（GHQ）による国家神道廃止指令に先立つ1945年11月20日、天皇列席の下、臨時大招魂祭を行い、先の戦争の戦死者全ての御霊を招き寄せたとする。しかし、それだけでは、個々の戦死者を特定できず祭神として合祀できない。合祀するためには、国からの情報が不可欠だ。

国は、戦傷病者戦没者遺族等援護法を適用した全ての戦死者の名前を「祭神名票」として靖国神社に自動的に送付する。

靖国神社は、戦死者、遺族の意向はお構いなく「護国の英霊」として合祀する。植民地下にあった韓国人戦死者も創氏改名の日本名で合祀する。靖国神社は、家族からの合祀取り下げ要求には絶対に応じない。生命線である戦死者の魂独占の虚構が崩れるからだ。

この虚構は、国からの祭神名票の送付によって成り立つ。国が戦死者に対する追悼を祭神名票の送付を通して一宗教法人にすぎない靖国神社に事実上委ねているのは怠慢だ。天皇の慰霊の旅にお任せすべきでもない。

戦死者は国の命令によって戦場に駆り出され、「戦陣ニ死シ職域ニ殉シ非命ニ斃レタ」（終戦の詔勅）。彼らに対する追悼は国の責任においてなすべきだ。8月15日の全国戦没者追悼式だけでなく、全ての人が参拝できるよう、沖縄の平和の礎《いしじ》のような、ひたすら追悼だけを目的とした無宗教の国立の施設が必要だ。

75年弁護士登録（東京弁護士会）。著書に「靖国参拝の何が問題か」など。

「中國新聞」2018.10.31

共に栄えていくためには、戦わなければならなかったのです」（靖国神社発行「やすくに大百科」）と、戦後の今なお、世界で通用せず、また歴代の日本政府の公式見解にも反する【＊5】、先の戦争を正しい戦争であったとする聖戦史観に立つのは、同神社が追悼施設でなく顕彰施設だからだ。間違った戦争での死者を「護国の英霊」として顕彰することはできない。だから靖国神社は、「聖戦史観」を絶対に放棄できない。放棄したら靖国神社でなくなってしまう【＊6】。このことがアジアからの批判を呼ぶ1978年のA級戦犯の合祀に繋がり、また1975年を最後に昭和天皇参拝の取り止めの原因ともなった。但し、その後も勅使の派遣はなされている。これも憲法違反だ【＊7】。

戦前、歴史も浅く、社格も決して高くはなかった靖国神社が、他の神社を凌駕する特別な地位を獲得し得たのは、陸、海軍省が所管し、天皇の軍隊の戦死者の魂全てを祀り、そこに、臣下に頭を下げることのない天皇が参拝してくれるとされたからだ。靖国神社は天皇の参拝によって戦死という悲しみを誇らしげなものへと変え、後に続け！と戦死者の予備軍を作り出すための宗教的軍事施設、すなわち戦争神社であった【＊8】。

「夢に出て来た父上に、死んで帰れと励まされ」（露営の歌）という恐ろしい時代を背景に靖国神社は戦争によって育っていった。

日本国憲法下の靖国神社

戦後新憲法下、靖国神社は他の神社、寺と同様、国家とは離れ民間の単なる一宗教法人となった。靖国神社は戦後も戦前と同様、特別な地位を占めるため、戦死者の魂独占の虚構の維持と天皇参拝の継続に腐心した。国立の追悼施設を設けていない国もこれを助けた。靖国神社は、敗戦の年12月15日の占領軍総司令部（ＧＨＱ）による国家神道廃止指令に先立つ11月20日、天皇列席の下、臨時大招魂祭を行い、先の戦争の戦死者全ての御霊を招き寄せたとする。遺骨の有無は関係なし、誠に便利な教義だ。しかし、それだけでは個々の戦死者を特定できず祭神として合祀できない。合祀するためには国からの情報が不可欠だ。すなわち神社の核心を構成する祭神が国の関与なくしては決められない。

国は、戦傷病者・戦没者遺族等援護法を適用した全ての戦死者の名前を「祭神名票」として靖国神社に自動的に送付する。これを国は「行政サービス」と弁明するが、国が特定の宗教団体に特別な便宜を与えることを禁じた憲法第20条政教分離原則違反だ。この仕組みは、戦後の復員事業を担った旧軍人らによってつくられた。その中心になったのが陸軍省高級副官を務めた美山要蔵陸軍大佐だ。敗戦直後、東条英機は美山を呼んで、すべての戦死者の合祀を命じた。

靖国神社は戦死者、遺族の意向にはお構いなく「護国の英霊」として合祀する。先の戦争は正しい戦争であったとする歴史観に立つから、かって植民地下にあった韓国人、台湾人戦死者についても創氏改名の日本名で合祀する。「護国の英霊」としてだ。

「3・1運動によって建立された大韓民国臨時政府の法統……」（韓国憲法前文）と、日本の植民地支配に対する抵抗を建国の礎とする韓国民戦死者・遺族の傷口に対して塩を塗りつけるようなあまりにむごい仕打ちではないか。韓国人、台湾人の戦死者合祀は合計で4万9千人、そのほとんどが戦後14年を経た1954年になってからだ。創氏改名の日本名での合祀であるから、靖国神社では戦後もなお植民地支配が続いている（南相九東北アジア歴史研究財団研究員）。

靖国神社は家族からの合祀取り下げ要求には絶対に応じない。取下げに応ずると、靖国神社の生命線である戦死者の魂独占の虚構が崩れるからだ。靖国神社による戦死者の合祀は戦死者を悼むためでなく、靖国神社自身のためのものだと言わざるを得ない。

中曽根首相の靖國神社参拝

1985年8月15日、中曽根首相（当時）は、靖國神社を首相として初めて公式参拝した。その際に「国民や遺族の方々の多くが、靖国神社を我が国の戦没者追悼の中心的施設であるとし、同神社において公式参拝が実施されることを強く望んでいるという事情を踏まえた」（「閣僚の靖國神社参拝問題に関する懇談会」藤浪内閣官房長官談話）とした。ここでは靖國神社の「聖戦史観」についての言及が全くなかった。同官房長官談話は「公式参拝に関しては、一部に、戦前の国家神道及び軍国主義の復活に結び付くのではないかとの意見があるが、政府としては、そのような懸念を招くことのないよう十分配慮してまいりたいと考えている。さらに国際関係の面では、我が国は、過去において、アジアの国々を中心とする多数の人々に多大の苦痛と損害を与えたことを深く自覚し、このようなことを二度と繰り返してはならないとの反省と決意の上に立って平和国家としての道を歩んで来ているが、今般の公式参拝の実施に際しても、その姿勢にはいささかの変化もなく、戦没者の追悼とともに国際平和を深く念ずるものである旨、諸外国の理解を得るよう十分努力してまいりたい」とも述べたが、アジア諸国からの厳しい批判を受けて翌年からは参拝を断念した。「アジアから孤立したら英霊も悲しむ」とは中曽根首相の残した「名言」である（1986年特別国会における答弁）。この年8月14日、後藤田正晴官房長官は、「内閣総理大臣その他の国務大臣による靖国神社公式参拝に関する談話」を発した。同談話は、前年8月14日に発せられた前記藤浪官房長官談話において「政府が表明した見解には何らの変更もない」としつつも、「しかしながら、靖国神社がいわゆるA級戦犯を合祀していること等もあって、昨年実施した公式参拝は、過去における我が国の行為により多大の苦痛と損害を蒙った近隣諸国の国民の間に、そのような我が国の行為に責任を有するA級戦犯に対して礼拝したのではないかとの批判を生み、ひいては、我が国が様々な機会に表明して来た過般の戦争への反省とその上に立った平和友好への決意に対する誤解と不信さえ生まれるおそれがある。それは諸国民との友好増進を念願する我が国の国益にも、そしてまた、戦没者の究極の願いにも副う所以ではない」と事実上、藤浪官房長官談話の「修正」をした。

この「修正」は靖國問題を考える上できわめて示唆に富むものであることを理解しなければならない。すなわち、藤浪官房長官談話は「中曽根首相の公式参拝ありき」を前提とし、同官房長官の下に、「識者」らによる「閣僚の靖國神社参拝問題に関する懇談会」を設け、公式参拝を是とする報告書（但し、8対7の僅差）を提出させ、公式参拝に関する「環境」つくりをしたうえでなされたものであり、そこでの議論は、専ら参拝の形式が憲法の「政教分離原則」に反するか否かという「内向き」のものであったのに対し、後藤田官房長官談話はアジアに目を向けた「外向き」視点をも併せ持った視野の広いものである。

靖国問題は単に憲法の「政教分離原則」の問題だけでなく、広くアジアに目を向けた、つまりアジアの人々にとって靖國神社はどのようなものとして捉えられているかを理解したうえで考えられなければならない。

戦死者らの追悼を一宗教法人に委ねるのは国の怠慢

靖国神社による戦死者の魂独占の虚構は、国からの情報の提供、すなわち祭神名票の送付によってはじめて成り立つ。国が戦死者に対する追悼を祭神名票の送付を通して民間の一宗教法人にすぎない靖国神社に事実上委ねているのは怠慢だ。また、天皇の慰霊の旅に「お任せ」すべきでもない。

先の戦争は不正義の戦争ではあったが、戦死者たちは国の命令によって戦場に駆り出され、「戦陣ニ死シ、職域ニ殉ジ、非命ニ斃レタ」(終戦の詔勅)。国は自らの責任において彼らに対する追悼をなすべきだ。非業、無念の死を強いられた死者たちの声に耳を傾け、死者たちをひたすら追悼する、そして死者たちを讃えたり、死者たちに感謝したりは絶対にしない。称え、感謝した瞬間に死者たちの政治利用が始まり、死者たちを生み出した者の責任が曖昧にされる。

国は8月15日の全国戦没者追悼式だけでなく、全ての人が参拝できるよう、例えば、沖縄の平和の礎のような、ひたすら追悼だけを目的とし、軍人・軍属だけでなく、すべての戦没者を対象とした無宗教の国立施設を造るべきだ【＊9】。

【＊1】 2018年10月10日、靖国神社は、小堀宮司の〈極めて不穏当な言葉遣いの録音内容が漏えい〉したことについて、同宮司が宮内庁を訪れて陳謝したことと、同宮司の退任の意向を発表した。小堀宮司は陳謝後も「間違ったことは言ってない。悪いのは漏らした奴だ」と祭祀を務めていたが、天皇の勅使を迎える17日から20日の秋季大例祭を前に自宅謹慎となった。

【＊2】　御霊は俺が持っていると宮司言い（詠み人知らず）

【＊3】　靖国神社の広報は当初、「言葉遣いが不穏当」としているだけで、内容についてはコメントせず、また宮内庁に「何を何故」陳謝したかについて、曖昧にしていたが、その後機関紙「靖國」12月号で「宮司退任のご報告」として、「この度、皇室批判として掲載された発言は、宮司が、陛下に御親拝を賜りたいという強い思いから、今後御親拝が実現されないかもしれない危機感を同委員会の出席者と共有するためのものであったと当神社では解釈しております。しかし、その際の発言が極めて不穏当であり、かつ皇室批判の内容であったことは決して受容できるものでなく、神社として大変遺憾であると考えております。当神社は例大祭に賜っては勅使の御差遣をはじめ、皇室より格別の御崇敬を御創建以来変らずお寄せ戴いております。当神社の立場は大御心を拝し、粛々とお待ち申し上げるものであることに変わりはございません」と弁明している。

【＊4】　その意味では封権時代の武士の《主君の馬前で討死》と同じ類のものだ。「醜《しこ》の御盾《みたて》」という云い方も同じだ。A級戦犯として、処刑された東条英機らに対し、或る種の同情を抱く人がいるのは、天皇の戦争責任の身代わり、つまり《主君の馬前で討死》という「神話」によるものではなかろうか。A級戦犯合祀は「勝者の裁き」としての東京裁判を否定しようとするものだ。彼らはA級戦犯を「昭和殉難者」と呼び、小堀宮司が「A級戦犯」と言ったことがネット上で批判されている。聖戦史観、東京裁判否定史観の靖国神社は絶対にA級戦犯の分祀などしない。何故なら分祀した瞬間に靖国神社でなくてしまうからだ。

【＊5】 歴代政権とは異形な安倍政権

2013年8月15日、安倍首相は「国のために戦い、尊い命を犠牲にされたご英霊に対する感謝と尊崇の念こめて」自民党総裁として玉串料を奉納し、靖国神社参拝は断念した。安倍首相は萩生田光一総裁特別補佐を名代として靖国神社に玉串料を届けさせるに際し、「先の大戦で亡くなった先人の御霊《みたま》に尊崇の念を持って哀悼の誠を捧げてほしい。本日は参拝できないことをおわびしてほしい」と伝えたという（2013年8月16日、産経新聞社説）。

同年12月26日、安倍首相は、突如、靖国神社に参拝した。この参拝については、アジア諸国は勿論のこと、欧米諸国からも厳しく批判されたことはまだ記憶に新しい。

安倍首相の歴史観は、2014年5月、シンガポールで開催されたアジア安全保障会議での基調講演（14頁参照）に見られるように、靖国神社の「聖戦史観」と完全に重なる。

安倍首相は2014年4月、高野山真言宗の奥の院にある「昭和殉難者法務死追悼碑」の法要に、自民党総裁として、「今日の平和と繁栄のため、自らの魂を賭して祖国の礎となられた昭和殉職者の御霊に謹んで哀悼の誠を捧げる」とメッセージを寄せた。同法要は東條英機らを含むA級、BC級戦犯として処刑された元日本軍全員を「昭和殉難者」として慰霊するもので、連合国による戦犯処罰を「歴史上世界に例を見ない過酷で報復的裁判」としている（2014年8月27日『朝日新聞』）。

【＊6】2013（平成25）年12月28日に開設された「靖国神社職員有志の主張」というブログがある。その「正体」は必ずしも明らかではないが同ブログが小堀宮司辞任問題に関し、以下のように述べているのは興味深い。

《小堀宮司には天皇陛下の行幸をけなすような逆賊的発言があったかのような報道がなされましたが、10月4日に申し上げたとおり、私たちはこれは何かの間違いだと信じています。（中略）小堀新宮司は、天皇陛下の御親拝のために積極的な人です。私たちも職員としても、新宮司と心を合わせ、天皇陛下の御親拝のために尽力してゆく所存です。

そのためには、もちろん陛下ご自身のご意向が第一です。陛下ご自身に、私たち靖国神社の精神をご理解いただくことが第一です。

陛下ご自身が参拝に乗り気でいらっしゃらないならば、いかにして参拝する気になっていただくか、いかにして陛下に私たちの考えをご理解いただくようにすべきか、私たちは真剣に考えてゆかねばなりません。それが小堀宮司の言う「戦略」です。

ただし私たちの宗教的信条まで曲げるつもりはありません。「戦犯分祀」だとか「戦没者の冥福を祈る」

だとか「先の大戦は間違っていた」などという思想は、仮にそれが陛下のご意向だとしても、従うつもりはありません。これを曲げたら靖国神社が靖国神社でなくなってしまうではありませんか。それで陛下がお気に召さないとおおせならば、それならそれでしかたないと考えています。小堀宮司も、親拝を拒む陛下の首に縄をつけて当神社まで引っ張ってくるような考えは持っていません。陛下のご意向をないがしろにするような考えは毛頭ありません。　陛下の戦争跡地行幸を批判するかのような報道がなされたようですが、おそらく何かの間違いではないでしょうか。畏れ多くも天皇陛下の行幸をけなすような逆賊的発想は小堀氏には断じてありえないことを、私たち職員有志は固く信じています》

【＊7】　昭和天皇の靖国神社参拝は、毎年行われていたわけではなかった。1975年の参拝後は1978年のA級戦犯合祀があったのでずっと参拝しなかった。現天皇明仁氏は、即位後一度も靖国神社に参拝していない。今後も参拝しないものと思われる。

【＊8】　1944（昭和19）年「主婦の友」1月号に掲載された「昭和婦道の光……軍国の母を訪ねて……四児悉く陸海将兵に育て上げ、三児殉国のほまれに輝き、筒井松刀自」と題する四国高地県の山峡の寒村に生きる「軍国の母」に関する記事の一部を紹介したい。

「長男《ちょうなん》清泉《きよみ》上等兵《じょうとうへい》、羅店鎮《らてんちん》に戦死す、との悲報が到達したのは、開戦間もない昭和十二年の初秋であった。『丁度《ちやうど》、川向《かはむか》うの桑畑《くわばたけ》で、葉《は》つぱを摘《つ》んぢよる最中《さいちゅう》でした。役場《やくば》の人《ひと》に知らされて、あゝさよですか、すぐ帰宅《い》にますけん……と答《こた》へたまゝ…桑《くわ》の茂《しげ》みにへたりこんだきり、日暮《ひぐ》れまでぢつと空《そら》を睨《にら》んぢよりましたつけ……』次《つ》いで同年《どうねん》の十月《ぐわつ》には、二男和泉伍長《じなんいづみごちょう》が、これまた中支楊家屯《ちゅうしようかとん》において壮絶《そうぜつ》の戦死《せんし》。『むごい（可哀《かはい》さうな）ことよのう、悲《かな》しいことよのう…と、その時分《じぶん》はまだ、こつちの性根《しょうね》も充分《じゅうぶん》に定《きま》らず、時折《ときおり》めそめそ考《かんが》へたりしちよりましたが、しんそこから、わが子《こ》でかいたと思《おも》うたのは、二人《ふたり》の合祀祭《ごうしまつ》りに、靖國神社《やすくにじんじゃ》へ参《まゐ》らせて頂《いただ》いた時《とき》からでございます。勿體《もつたい》なくも畏《おそ》れ多《おほ》くも天皇陛下《てんのうへいか》さまがあの社頭《しゃとう》に御親拝《ごしんぱい》あそばさるゝ御姿《おんすがた》を伏《ふ》しをがんだ時《とき》うちらみたいな百姓《ひやくしやう》の、賤《いや》しい山家《やまが》の子どもらが、たとへ七十、八十まで生《い》きたにせよ、病氣《びやうき》なんどで死《し》んでみい、山《やま》の狸《たぬき》も泣《な》くもんか。——それぢやのに、お國《くに》のために死《し》んでくれたばつかりに、陛下《へいか》さままでが御詣《おんまゐ》りあそばしてくださるのぢや、嬉《うれ》しいことよ、有《あ》り難《かた》いことよと、電氣《でんき》にうたれたやうに悟《さと》らせて頂《いただ》いたのでございました。それからといふもんは、辛《つら》いといふ氣分《きぶん》は根《ね》つから失《う》せて、子どもは永久《えいきゅう》に生《い》きてゐるのぢやと、晴《は》ればれしてしまうたのでございます。』」

記者の脚色が入っているとしても、読むのも辛い。

米映画「プライベート・ライアン」（1998年 監督：スティーヴン・スピルバーグ）との対比を思う。

2018（平成30）年12月13日発行の『別冊正論』33号は、「靖國神社創立150年 英霊と天皇御親拝」と題する特集を掲載しているが、そこに安倍首相が「政治家安倍晋三として靖国神社を考える」という一文を寄稿している。同寄稿の中で安倍首相は以下のように語る。「乃木神社や東郷神社という軍神を祀っている神社がありますけれども、（靖國神社は）そことは違って本当に一兵卒あるいは国のために命を捧げた多くの一般の名もなき人々すべてが『亡くなったら神様になる』という極めて素朴な信仰によって祀られています」また、遺族が靖国を参拝する理由として、以下の様にも語る。

「一つは靖國神社に行くと、もしかしたら魂と触れ合えるかもしれないということだと思うんです。（中略）もう一つは、靖国神社に行くことによって、自分の夫や息子は国のために戦って、この国の繁栄のために命を落としたからこうして祀ってもらっているということを実感する、国から名誉を与えられている、国民から名誉を与えられているということを実感する。これも大きい」

【＊9】１952年4月28日のサンフランシスコ講和条約発効から3日目の同年5月1日、官民挙げての「全日本無名戦没者合葬墓建設会」が発足した。総裁・吉田茂、会長・村上義一運輸相、副会長・草場隆円厚生相、同・一万田尚登日銀総裁、同・石川一郎経団連会長、関桂三関経連会長らが役員に名を連ねた。政府の組織ではないが、首相らが先頭に立って、全国の市町村長を通じ、建設資金として一戸、10円の募金集めも始まった。建設会の設立趣意書は以下のように述べている。

「米国にはアーリントンに無名戦士の墓があり、英国にはトラファルガー広場に無名戦士の塔があり、仏国にはパリ凱旋門内に無名戦士の墓があって、何れも全国民により毎年鄭重な祭典が行われておりますが、それは人道上当然なことで、私どもは、わが国にもその必要性ありと考え……。戦没者は全部靖国神社に合祀すれば足りるではないかと言う人もありますが、同社は主として戦死軍人軍属の御霊を祀る所で、一般戦没者には及ばず、而も御遺骨を埋葬する場所ではありません。その上、神道以外の宗教とは相いれないものがあって、友邦の外交使節の参拝を受けることもどうかと存じますから、御遺骨の実体、各宗派の立場、外交上の儀礼の点から考えても、靖国神社とは別に霊場を造営する必要があります。……大霊園を創り、毎年春秋に、神、仏、基(キリスト教)の各宗派によって、厳粛な祭典を挙行し、後代再び斯様な犠牲者を出さないよう世界恒久の平和を祈念することに致したく……」

軍人軍属だけでなく、戦没者のすべてを、宗教各派の垣根を越え、外国の使節も迎えることのできる「国立追悼施設」が目指されていたのであった。

この構想が実現されていれば今日のような「靖国問題」は生じなかったと思われる。ところがこの構想は靖国神社、日本遺族会らの反対で換骨奪胎され千鳥ヶ淵戦没者墓苑に矮小化され、実現しなかった。

村山首相談話に見る戦没者追悼の有り様

ひたすら追悼し、決して戦没者を称えたり、感謝したりしてはならない

靖国的価値観と戦後的価値観

戦没者を追悼するに際しての2つの価値観がある。

1つは靖国的価値観である。この価値観は《靖國神社の庭で会おう》という語句に象徴されるように《靖國神社による戦死者の魂独占の虚構》の上に成り立っている価値観である。そこでは「臣民タルノ義務ニ背カザル限リニ於テ」（大日本帝国憲法）わずかに個人の権利が認められ、「死ハ鴻毛ヨリ軽シ」（1882年、軍人勅諭）と、天皇のために死ぬことこそが至上の価値とされた。「夢に出て来た父上に死んで帰れと励まされ　覚めてにらむは敵の空」（「露営の歌」作詞藪内喜一郎、作曲古関裕而）というような恐ろしい歌が謳われるなど、個人が幸福を追求することは建前としても許されていなかった。

今1つは戦後的価値観である。

「政府の行為によつて再び戦争の惨禍が起ることのないやうにすることを決意し」（憲法前文）と、先の戦争に対する反省と「すべての国民は個人として尊重される。生命、自由、及び幸福追

求に対する国民の権利については公共の福祉に反しない限り、立法その他国政の上で最大の尊重を必要とされる」（憲法13条）個人の尊重の価値観の上に成り立っている。

追悼されるための要件

戦後的価値観で追悼されるためには以下の2つの要件が求められる。

①戦没者をひたすら追悼し、決して戦没者を称えたり、戦没者に感謝したりはしない。称えたり感謝したりした瞬間に戦没者の政治利用がはじまり、戦没者をもたらした者の責任が曖昧にされる。

②加害責任についての自覚、とりわけアジアに対する謝罪がなされるか否か。

8・15全国戦没者追悼式を巡って靖国的価値観と戦後的価値観の綱引がなされて来た。細川内閣以降の歴代政権は、戦後的価値観である②に言及するようになったが、なお①については戦没者たちの「尊い犠牲の上に」戦後の繁栄があるといったトーンのものが残った。

戦後的価値観による追悼について述べた村山首相談話

1995年8月15日、閣議決定を経てなされた村山首相の戦後50年談話は、「我国は遠くない過去の一時期、国策を誤り、戦争への道を歩んで、国民を存亡の危機に陥れ、植民地支配と侵略によって、多くの国々、とりわけアジア諸国の人々に対し、多大な損害と苦痛を与えました。私は未来に過ちなからしめんとするがゆえに、疑うべくもないこの歴史の事実を謙虚に受け止め、ここに改めて痛切な反省の意を表し、心からのお詫びの気持を申し上げます」と戦後的価値である前記②の加害責任に明確に言及した。

前記①についても「敗戦後日本は、あの焼け野原から幾多の困難を乗り越えて、今日の平和と繁栄を築いてまいりました。このことは私たちの誇りであり、そのために注がれた国民の皆様一人一人の英知とたゆみない努力に、私は心から敬意の念を表すものであります」と述べ、戦没者の「尊い犠牲の上に繁栄」があるとは一切述べなかった。これは、戦没者に対する追悼の有り様を語ったものである。

前述したように、村山首相談話は「政府の行為によつて再び戦争の惨禍が起ることのないやうにすることを決意し」（1946年　憲法前文）、「日本側は、過去において、日本国が戦争を通じて、中国国民に重大な損害を与えたことについての責任を痛感し、深く反省する」（1972年日中共同声明）、「1945年6月26日、国連憲章がサンフランシスコで署名された時、日本は唯一国で40以上国を相手に絶望的な戦争を戦っていました。戦争終結後、我々日本人は、超国家主義と軍国主義の跳梁を許し、世界の諸国民にも又自国民にも多大な惨害をもたらしたこの戦争を厳しく反省しました」（1985年、中曽根首相、国連総会演説）等、先の戦争に向き合おうとしてきた戦後日本の歴代政権の公式見解をいわば「集大成」させたものである。このことはよく理解されているところであるが、前記、戦没者の追悼の有り様について語っている部分にも留意されるべきである。前述したように、戦没者の追悼はただひたすら追悼あるのみで、決して戦没者を称えたり戦没者に感謝したりしてはならない。村山首相談話も「今あらためて、あの戦争によって犠牲となられた内外の多くの人々に思いを馳せるとき、万感胸に迫るものがあります」、「また、この歴史のもたらした内外すべての犠牲者に深い哀悼の念を捧げます」とひたすら追悼している。

平和資源としての村山首相談話

村山首相談話はその後の歴代政権によって継承されて来ており、憲法と並んで日本の「平和資源」となっている。

小渕首相と江沢民主席との間でなされた日中共同宣言（1998年）は、「日本側は1972年の日中共同声明及び1995年8月15日の内閣総理大臣談話を遵守し、過去の一時期の中国への侵略によって中国国民に多大な災難と損害を与えた責任を痛感し、これに対し深い反省を表明した。中国側は、日本側が歴史の教訓に学び平和発展の道を堅持することを希望する。双方は、この基礎の上に長きにわたる友好関係を発展させる」と謳っている。このように村山首相談話は日本政府の歴史認識を述べただけのものでなく、国際的な合意事項となっている【註1】。

2005年8月15日、戦後60年の小泉首相談話も「我が国は、かって植民地支配と侵略によって、多くの国々、とりわけアジア諸国の人々に対して多大の損害と苦痛を与えました。こうした歴史の事実を謙虚に受け止め、改めて痛切な反省と心からのお詫びの気持ちを表明するとともに、先の大戦における内外のすべての犠牲者に謹んで哀悼の意を表します。悲惨な戦争の教訓を風化させず、二度と戦火を交えることなく世界の平和と繁栄に貢献していく決意です」と述べ、「尊い犠牲の上の繁栄」とは言っていない。福田康夫内閣も同様である。

戦没者追悼式を靖国的価値観で行おうとする安倍内閣

2013年8月15日、政府主催の戦没者追悼式の式辞で安倍首相は、1993年の細川内閣以来踏襲され、自らの第1次政権でも述べた対外的なメッセージである前記②のアジア諸国に対する加害責任について言及せず、不戦の誓いも盛り込まなかった。そして、逆に前記①の「尊い犠牲の上の繁栄」を強調して「いとしい我が子や妻を思い、残してゆく父、母に幸多かれ、ふるさとの山河よ、緑なせと念じつつ、貴い命を捧げられた、あなた方の犠牲の上に、いま、私たちが享受する平和と、繁栄があります。そのことを片時たりとも忘れません」と述べた。

このトーンは2014年、2015年も変わっていない。

今、戦火によってふるさとの山河を破壊され、家を焼かれ、命を奪われたアジアの人々のことは措く。又、特攻隊の実情 — いつの時代にも、若者が「大義」のために命を投げ出すのは美しい物語だ — についても言及はしない【註2】。大本営の「自活自戦永久継戦」命令 — 武器・弾薬・兵員はもちろんのこと、糧食も補給できないが、それでも自活（現地住民の食糧を奪い、あるいは、住民が逃げ去った後で自作して）永久に戦え — によって、見捨てられ、遠く、南太平洋の島々で餓死した「戦死者」「戦病者」達に対しても、「貴い命を捧げられたあなた方の犠牲の上に、いま、私たちが享受する平和と、繁栄がある」などと言えるのか【註3】。

犠牲を奨励し、強要する安倍首相の『美しい国へ』

戦没者を称えることは犠牲の奨励となり、やがてそれは犠牲の強要「たしかに自分のいのちは大切なものである。しかし、ときにはそれをなげうっても守るべき価値が存在するのだ、ということを考えたことがあるだろうか」（安倍晋三『美しい国へ』２００６年、後に『新しい国へ』と改題）へと容易に移行する。

ニューギニア戦線では、累計14万の大軍がマラリアと栄養失調で大半陣没し、終戦時集結し得た者は１３０００人に過ぎず、その後も斃れる者が続き、戦犯者も出て、内地に復員した者はわずか1万余人に過ぎなかった（松浦義教『ラバウル戦犯弁護人』光人社ＮＦ文庫）。空腹の余り、食料を探しに出かけたことが「敵前逃亡」とされ、正式な軍法会議も開かれることなく処刑された兵士も少なからずいた。フィリピン、ルソン島での作戦に従軍した法務官の遺した日記の片隅には病気、マラリアなどと並んで、掠奪殺人、上官殺人、強盗殺人、死体損壊等との走り書きもあったという（『戦場の軍法会議　日本兵はなぜ処刑されたのか』NHK取材班　NHK版）。「死体損壊」の意味するところは何か、想像力を働かせてみることが必要である【註4】。

ニューギニアの第18軍司令官安達二十三中将は、敗戦後の残務整理が一段落した1947年（昭和22）9月8日、以下のような遺書を残し、ラバウルで自決した。

「私儀　昭和十七年十一月第十八軍司令官の重職を拝し――此作戦三歳の間十万に及ぶ青春有為なる陛下の赤子を喪ひ、而して其大部分は栄養失調に基因する戦病死なることに想到する時、御上に対し奉り何と御詫びの言葉も無之候。――打続く作戦に疲憊の極に達せる将兵に対し更に人として堪え得る限度を遥に超越せる克難敢闘を要求致候。之に対し黙々之を遂行し力竭きて花吹雪の如く散り行く若き将兵を眺むる時君国の為とは申しながら其断腸の思は唯神のみぞ知ると存候。当時小生の心中堅く誓ひし処は必ず之等若き将兵と運命を共にし南海の土となるべく縦令凱陣の場合と雖も論らじとのこと有之候。一昨年晩夏終戦の大詔を拝し――聖旨を徹底して謬らず、且は残存戦犯関係将兵の先途を見届くることの重要なるを思ひ、恥を忍び今日に及び候。然るに今や諸般の残務も漸く一段落となり小官の職責の大部を終了せるやに存ぜらるにつき此時機にかねての志を実行致すことに決意仕候。即ち小官の自決の如き御上に対し奉るお詫びの一端とならずと思ふ次第にて唯々純一無雑に陣歿、殉国、並に光部隊残留部下将兵に対する信と愛とに殉ぜんとするにならず候。……」

（小島光造『回天特攻』光人社NF文庫。傍線引用者）

彼らは、何故、ふるさとを遠く離れたニューギニアの地で餓死しなければならなかったのか。彼らの餓死が無ければ戦後の平和はなかったのか【註5】。

戦後の「平和と繁栄」は、若者たちの命が無駄に失われたのを乗り越えて、なし得たものであり、その死故ではない。生きていれば戦後の復興に尽力したであろう無念、非業の死を強いられた戦没者達に対してはひたすら追悼あるのみで、決して彼らに感謝したり、彼らを称えたりしてはならない。称え、感謝すると戦争の実相から目をそらし戦没者を美化するようになる。例えば特攻隊員たちは喜んで死んでいった等である。このような見解は日本軍戦没者の過半数以上が餓死、病死であったことに目をつむる。称え、感謝した瞬間に戦没者の政治利用が始まり、戦没者を生み出した者の責任があいまいにされる。

追記

「ゲゲゲの鬼太郎」などの妖怪漫画作家の水木しげる氏もニューギニアの戦場で、爆撃により左腕を失い餓死の境界を彷徨うという苦労をし、そのことを題材とした作品も書いている。水木しげる氏の弟子を自認する筆者の学生時代以来の畏友（異友？）漫画評論家呉智英氏は、同氏から以下のような言葉を引き出している。

「水木しげるのラバウル通いが始まった頃、私にこんな話をした。『以前は自分は、戦地だったところへ行きたがる者の心境が理解できなかったですよ。食うものも満足になく、餓死した戦友も多くいる。当人も九死に一生で助かっている。辛く苦しい思い出しかない。そんな戦地に、戦後20年も30年もたってなぜわざわざ行くのか』

水木しげるは、かつてはそういう人たちの気持ちが理解できなかった、と語る。『しかし、自分はラバウルへ行って初めてわかったんです。自分はあの戦争で生き残った。日本へ還ってこられた。でも、戦友たちは食糧も薬もなく、ここで死んでいった。そして、自分だけ、今では何でも食べられて生きている。そう思うとですなぁ……』

戦争体験者は、誰でも自責の念を語る。シベリア抑留体験のある詩人石原吉郎は、それをあえて逆転させ「死者におれたちがとむらわれるときだ」（『礼節』）と詩った。今、水木しげるは戦後初めてラバウルを再訪した日のことを私に語っている。死んでいった戦友たち、生きのびた自分。『戦友たちは、うまいものも食えずに若くして死んでいったんですよ。その戦地に立って、ああ、自分はこうして生きていると思うとですなぁ」

水木しげるは確信を込めて言った。『そう思うとですなぁ、愉快になるんですよ』

私は遠慮なく笑い転げた。目から涙がほとばしった。笑いは止まらないままであった。『ええ、あんた、愉快になるんですよ。生きとるんですよ。ええ。ラバウルに行ってみて、初めてわかりました』　これほど力強い生命讃歌を私は知らない。生きていることほど愉快なことがこの世にあろうか。歴史は死者で満ちている。しかし、自分は生きているのだ。なんと愉快なことだろう。山陰出身者特有の古風な訛で、水木しげるは「ゆくゎい」と言った」（呉智英『犬儒派だもの』双葉社）。

２０１５年11月30日、水木しげる氏が93歳で逝った。

水木家の苦楽をつづったエッセー『ゲゲゲの女房』（ＮＨＫ連続テレビドラマにもなった）の著書もある水木しげる氏の妻、村良布枝さんは共同通信のインタビューに「戦争は嫌だという気持ちが本当に強かった。亡くなった戦友たちをすごく気の毒に思っていました」と語っている。柩には水木氏の戦記物の代表作『総員玉砕せよ！』を入れたという（２０１５年１２月１５日、神戸新聞）。

生前、水木しげる氏は千以上に上る「妖怪」を紡ぎだした。

氏は言う。妖怪のなかで最も厄介なのが国家という妖怪であると。

【註1】安倍首相が本音では村山首相談話を否定したかったにもかかわらず、内外の批判、とりわけ米国の批判に抗しきれなかった。結局、戦後70年談話は、村山首相談話におけるキーワード、「侵略と植民地支配」、「痛切な反省」「心からのお詫び」を入れたわけの分からない無様なものとなった。安倍晋三は麻生内閣の時代、一衆議院議員として『正論』2009年2月号の対談で以下のように述べる。「自民党が野党に転落するまでは、どの首相も侵略という言葉を使っていない。竹下さんも踏みとどまっていた。ところが村山首相談話以降、政権が代わるたびにその継承を迫られるようになった、まさに踏み絵だ。だから私は村山首相談話に換わる安倍談話を出そうとしていた。村山さんの個人的な歴史観に日本がいつまでも縛られることはない。その時々の首相が必要に応じて独自の談話をだせるようにすればいいと考えていた。むろん、村山首相談話があまりにも一方的なので、もう少しバランスのとれたものにしたいという思いがあった。ところが、とんでもない落とし穴が待っていた。平成10年、中国の江沢民国家主席が訪日した際の日中共同宣言に『(日本側は)1995年8月15日の内閣総理大臣談話(村山首相談話)を遵守し、過去の一時期の中国への侵略によって中国国民に多大な災難と損害を与えた責任を痛感し……』という文言が盛り込まれていたのです。この共同宣言は、昭和47年の日中共同声明、53年の日中平和友好条約についで中国が重視していますから、日本が一方的に反古にすることは国際信義上出来なかったのです。しかし、『政治が歴史認識を確定させてはならない。歴史の分析は歴史家の役割だ』と国会で答弁した。野党からは『それでは村山首相談話の継承とはいえない』と批判されましたが、戦後レジームからの脱却がいかに困難であるか、改めて実感しました」日中共同宣言において村山首相談話の遵守が謳われているので、村山首相談話の否定は日中共同宣言の否定になってしまうから出来ないという奇妙な弁明なのである。

【註2】海軍軍令部に勤務していた中堅将校が「特攻」について、戦後になって以下のように述べている。

「神風特別攻撃隊の奮戦の結果、連合国軍の進撃速度が鈍り、その間に米軍機の空襲により、わが国の要地が重大な被害を蒙ったため、わが国民に心の準備ができ、わが政府が降伏を受諾した際に、大いなる混乱を起こさなかったことは不幸中の幸いであった。このことはおそらく特攻隊員たちが予測できなかったことであろう。こう考えてくると本土の防衛戦に伴うわが国民と連合国軍の将兵の膨大な数の命を救ったことは、高く評価されるべきではなかろうか。見方によっては、神風特別攻撃隊は、あの当時としてはわが国民に最良の降伏の機会を与えたものと見ることができよう」(『海軍特別攻撃隊と日本人』奥宮正武）。

特攻隊員4000余人の死をこんなふうに言うことができるとは、私はこの一文を読んだとき「大本営発表」で国民に戦局の実情を知らせないでおいて、とはらわたが煮えくり返るような気持ちになった。それだけではない。戦後この人物が、航空自衛隊学校長等を歴任し、空将となったことを知って慄然とした。

【註3】「餓島」と呼ばれたガダルカナル島戦での撤退を指揮したラバウルの第八方面軍司令官今村均大将はその回顧録『私記一軍人六十年の哀歓』（芙蓉書房）に以下のように書いている。「五ヶ月以前、大本営直轄部隊としてガダルカナル島に進められた第一七軍の百武中将以下約三万の将兵中、敵兵火により斃れた者は約五千、餓死したものは約一万五千、約一万のみが、救出された」自決して責任をとると申し出た百武軍司令官に対して、今村は、「今度のガ島での敗戦は、戦によったのではなく、飢餓の自滅だったのであります。この飢えはあなたが作ったものですか。そうではありますまい。（中略）これは補給と関連なしに戦略戦術だけを研究し教育していた、陸軍多年の弊風が累をなし、既に制空権を失いかけている時期に、祖国からこんなに離れた、敵地に近い小島に、三万からの第十七軍をつぎ込む過失を、中央は犯したものです」さとして自決を押しとどめたという。なお、1943（昭和18）年12月23日読売新聞で評論家鹿子木員信は、「けだし民主国家の悲しさ、米国の指導者は常に民衆の鼻先に勝利の栄冠をかざし、絶えずその民衆の顔色を覗ひつ々その戦をやらねばならぬ。（中略）民主国家の常として一たびその部隊を僻遠の島嶼に上陸せしめたる以上、彼らは否応なしにこれが補給掩護の責に任ぜざるを得ぬ。けだし戦術上形勢非なりとして、その上陸部隊を死地に見殺しにするがごときは」出来ない（日本軍はそれが出来るから強い？）と得々と述べている（清沢洌『暗黒日記』ちくま文庫）。

【註4】1944年10月、第18軍では、兵士が人肉を食べているという情報があったので、安達二十三軍司令官は、配下の各部隊司令官に緊急処断令を発した。処断の対象は、①反乱、②敵前抗命、③敵前逃亡、④上官殺害、人肉喫食並びこれを目的とする殺人であった。この処断令により各部隊司令官は、法律上の資格がなくても、前記違反の者を処断できるようになった。安達らに対する戦犯裁判の記録によると、処断令が発せられた1944年10月から敗戦に至る迄に、約70人の兵士が処断令により処刑され、そのうち約40名が敵前逃亡ないし上官不服従、のこりの約30名が「人肉食」の嫌疑で処刑されたという（『不確かな正義　BC級戦犯裁判の軌跡』戸谷由麻、岩波書店）。

【註5】日本サッカー協会代表チームでかつて監督をされていたイビチャ・オシム氏〈1941年、旧ユーゴスラビア〈現ボスニア・ヘルツェゴビナ〉サラエボ生まれ）の当意即妙な発言は、サッカー理論だけでなく人生論としても人気があり『オシムの言葉』と言う書籍も出版されているほどだ。私はそのオシム氏がある時、記者から「あなたの豊かで柔軟な発想はユーゴ内戦の影響も受けているのか」と問われ、「（影響は）受けていないといったほうがいい。そういうものから学べたとするなら、それが必要になってしまう。そういう戦争が……」と答えているのを読んで感銘を受けた（2007年11月26日付『朝日新聞』「天声人語」）。

●初出一覧

プロ意識を刺激された2本の映画『顔のないヒットラーたち』、『ブリッジ・オブ・スパイ』を観て
（「関東弁護士会連合会機関紙」２０１６年）

ヒトラー政権下の子どもたち『そこに僕らは居合わせた』、『片手の郵便配達人』を読む
（「月刊 社会民主」２０１７年12月号）

卵はいつか鳥になって岩を超える 盧武鉉元大統領がモデルの韓国映画『弁護人』を観る
（「キネマ旬報」２０１６年12月上旬号）

『星夜航行』、『出星前夜』（飯嶋和一）を読む 秀吉の朝鮮侵入略奪から島原蜂起まで
（「月刊 社会民主」２０１８年11月号）

天皇代替わりに思う 神話と歴史を峻別した津田左右吉も抜け出せなかった「皇室」という呪縛
（「法律新聞」２０１８年7月27日）

『壁あつき部屋』と『軍神山本元帥と連合艦隊』との併映 60年前、偶々小学5年生が遭遇したB・C級戦犯映画の衝撃
（「月刊 社会民主」２０１７年4月号）

君は『虹色のトロツキー』を見たか 『原点 THE ORIGIN 戦争を描く、人間を描く』を読む
（「法律新聞」２０１８年9月28日）

戦後が若かった頃に思いを馳せよう 法の下剋上から明文改憲への「安倍改憲」とどう闘うか
（「月刊 社会民主」２０１８年1月号）

自衛隊明記の改憲案 人類は平和、独立、安全という「普遍的価値」を掲げて戦争をして来た
（「法律新聞」２０１８年4月6日）

自衛権の根拠を憲法第13条「幸福追求の権利」に求める危うさ 肥大化する「自衛権」に対する歯止めは何か
（「世界」２０１８年3月号）

昭和16年12月7日の早明戦 憲法破壊の安倍政権に対する闘いは３つの共闘
（「法律新聞」２０１７年2月３日）

韓国大法院徴用工判決に思う 歴史問題の解決に求められる加害者の慎みと節度
（「秋田魁」２０１８年10月14日、「世界」２０１９年2月号）

「日韓合意」は慰安婦問題の最終的解決でなく出発点 合意を日韓民衆間の不信連鎖の罠としてはならない
（「世界」２０１６年3月号）

慎みなくして寛容は得られない あなたは韓国憲法の前文を読んだことがありますか
（「月刊 社会民主」２０１８年5月号）

「平和資源」としての日中平和友好条約 民間交流が切り拓いた日中友好
（「月刊 社会民主」２０１８年9月号）

三菱マテリアル中国人強制労働事件和解
（「毎日新聞」（夕刊）２０１６年6月7日、「世界」２０１６年7月号）

靖国史観が透けて見える安倍首相の70年談話 何故、日露戦争の「勝利」から始まるのか
（「現代の理論」社会フォーラム ２０１５年）

靖国神社宮司辞任騒動が明らかにした「戦死者の魂独占」の虚構 一宗教法人任せの追悼は国の怠慢、国立の追悼施設創れ
（「共同通信」２０１８年10月、「月刊 社会民主」２０１８年12月号）

村山首相談話に見る戦没者追悼の有り様 ひたすら追悼し、決して戦没者を称えたり、感謝したりしてはならない
（「月刊 社会民主」２０１６年3月号）

◎内田 雅敏（うちだ・まさとし）
1945年生まれ。1975年東京弁護士会登録。
日弁連人権擁護委員会委員、同接見交通権確立実行委員会委員長、関東弁護士会連合会憲法問題協議会委員長、西松安野友好基金運営委員会委員長等を経て、現在、日弁連憲法委員会委員、弁護士としての通常業務の他に、中国人強制連行・強制労働問題（花岡、西松、三菱マテリアル）など戦後補償問題、靖国問題などに取り組む。

著書:『弁護士 - 法の現場の仕事人』(講談社新書)、『「戦後補償」を考える』(同)、『〈戦後の思考〉- 人権・憲法・戦後補償』(れんが書房新社)『半世紀前からの贈り物』(同)、『戦争が遺したもの』(同 鈴木茂臣氏との共著)、『憲法9条の復権)(樹花舎)、『敗戦の年に生まれて』(太田出版)、『在日からの手紙』(同 姜尚中氏との共著)、『憲法9条と専守防衛』(梨の木舎 箕輪登氏との共著)、『靖國にはゆかない、戦争にもゆかない』(梨の木舎)『乗っ取り弁護士』(ちくま文庫)、『これが犯罪?「ビラ配りで逮捕」を考える』(岩波ブックレット)、『靖國問題Q＆A　特攻記念館で涙を流すだけでよいのでしょうか』(スペース伽耶)、『ここがロードス島だ、ここで跳べ』(梨の木舎)、『天皇を戴く国家』(スペース伽耶)、『想像力と複眼的思考』(スペース伽耶)、『靖国神社参拝の何が問題か』(平凡社新書)、『和解は可能か』(岩波ブックレット)、『「平和資源」としての日中共同声明』(スペース伽奈 ブックレット)

戦後が若かった頃に思いを馳せよう
- 憲法・沖縄・アジア・戦後補償・靖国

2019年2月15日　　第1版第1刷発行

著　者—— 内田雅敏 © 2019年
発行者—— 小番　伊佐夫
装丁組版— Salt Peanuts
印刷製本— 中央精版印刷株式会社
発行所—— 株式会社 三一書房
〒101-0051
東京都千代田区神田神保町3－1－6
☎ 03-6268-9714
振替 00190-3-708251
Mail: info@31shobo.com
URL: http://31shobo.com/

ISBN978-4-380-19000-1　　C0036　　Printed in Japan
乱丁・落丁本はおとりかえいたします。
購入書店名を明記の上、三一書房まで。